现代教育理念下的
健美操课程设计与应用研究

赵 艳 著

东北林业大学出版社
Northeast Forestry University Press
·哈尔滨·

图书在版编目（CIP）数据

现代教育理念下的健美操课程设计与应用研究 / 赵
艳著 . — 哈尔滨：东北林业大学出版社，2021.7

ISBN 978-7-5674-2496-8

Ⅰ . ①现… Ⅱ . ①赵… Ⅲ . ①健美操－课程设计－研
究－高等学校 Ⅳ . ① G831.3

中国版本图书馆 CIP 数据核字（2021）第 143882 号

责任编辑：许　然

封面设计：马静静

出版发行：东北林业大学出版社

　　（哈尔滨市香坊区哈平六道街 6 号　邮编：150040）

印　　装： 三河市德贤弘印务有限公司

规　　格： 170 mm × 240 mm　16 开

印　　张： 15.75

字　　数： 249 千字

版　　次： 2022 年 4 月第 1 版

印　　次： 2022 年 4 月第 1 次印刷

定　　价： 80.00 元

如发现印装质量问题，请与出版社联系调换。（电话：0451-82113296　82191620）

前　言

随着现代体育的不断发展,我国体育教学的改革越来越深入,体育教学改革的核心是课程改革,课程改革的重点是课程体系与课程内容的改革,因此必须转变教育理念,深化教育改革,以培养适应新时代发展需求的全面型体育人才。健美操作为一门新兴课程,在学校体育教学中颇受重视,经过长期的改革与发展,健美操课程的理论与实践在广度和深度上都有所突破,但总体来看健美操课程设计与教学实践依然存在很多问题,如设计理念落后,内容片面,体系不完善,没有充分体现健美操运动的时代特征与项目特色,教学方法与模式过于传统且单一等,这些问题制约了健美操课程教学效果的提高。因此,转变教育理念与课程设计理念,在现代教育理念下优化健美操课程设计与教学迫在眉睫。基于此,作者在查阅大量相关著作文献的基础上,精心撰写了《现代教育理念下的健美操课程设计与应用研究》一书。

本书共有八章,第一章阐述与分析素质教育理念、人文教育理念、创新教育理念、体教融合理念、现代教师素质观等现代教育理念,以揭示本书的研究背景,并说明现代教育理念对体育教育的影响。第二章阐述健美操基本知识及其课程设计理论与操作,以了解健美操的基础理论,并掌握健美操课程设计的原理与方法,为设计与优化健美操课程提供理论与方法指导。第三章研究现代教育理念下健美操教学理论与操作程序,健美操课程是通过健美操教学实施的,设计优质的健美操课程是实施了体健美操教学的前提,通过健美操教学可以检验健美操课程的设计效果,并提供反馈,以进一步完善健美操课程。第四章与第五章分别研究现代教育理念下健美操教学方法与教学模式的创新设计与应用,健美操教学方法与教学模式是健美操教学体系的重要组成部分,直接影响甚至决定健美操教学效果与质量,因此必须科学设计与合理选用健美操教学方法与模式,并加强对方法与模式的创新,运用创造性的教学方法与模式来提高教学效果。第六章与第七章对健身健美操与竞技健美操技术学练方法设计进行了研究,为健美操技能教学与训练提供实践指导。第八章研究如何对健美操教师课程设计专业技能进行培养,由于健美操教师的专业素养直接影响课程设计质量,因此必须注重培养与提高健美操教师的专业设计能力。

总体而言,本书具有以下几个特点。

第一,系统性。本书在现代教育理念下围绕健美操课程设计、健美操教学训练展开研究,结构合理,逻辑清晰,层层推进,具有较强的系统性。

第二,实效性。本书不但研究健美操课程设计与课程实施的理论、方法与实践,同时提出了培养健美操教师课程设计的专业技能的策略,将理论与实践、传授知识与培养能力有机联系起来,具有重要的现实意义。

第三,创新性。本书在健美操课程设计的研究中,提出了在信息化时代设计健美操网络课程的建议,在健美操教学创新方面提出了教学方法与模式的创新思路与创新设计,而且在技术学练方法上也提出了创新性的训练方法,这些都体现了本书对创新教育理念的践行,也体现了本书的创新性。

总之,本书以现代教育理念为背景围绕健美操课程设计与应用的理论与实践展开研究,期望本书能够为推动现代教育理念的普及与提高健美操课程设计质量和课程教学效果做出贡献。

作者在撰写本书过程中参考并借鉴了很多专家、学者的研究成果,在此表示诚挚感谢。由于作者水平有限,书中难免有不妥与疏漏之处,敬请广大读者批判指正。

作　者

2021 年 3 月

目　录

第一章 现代教育理念内容阐析 ················ 1

第一节　素质教育理念 ······················ 2

第二节　人文教育理念 ······················ 8

第三节　创新教育理念 ······················ 13

第四节　体教融合理念 ······················ 20

第五节　现代教师素质观 ···················· 24

第六节　现代教育理念对体育教育的影响 ········ 29

第二章 健美操基本知识及其课程设计理论与操作 ······· 35

第一节　健美操运动基本知识 ················ 36

第二节　健美操课程设置现状分析 ············ 41

第三节　健美操课程设计的理论基础 ·········· 43

第四节　健美操课程设计的程序与模式 ········ 48

第五节　信息化时代健美操网络课程设计 ······ 54

第三章 现代教育理念下健美操教学理论与操作程序 ······· 61

第一节　健美操教学的特点与规律 ············ 62

第二节　健美操教学的任务与原则 ············ 66

第三节　健美操教学的组织与实施程序设计 ····· 71

第四节　健美操教学的创编设计 ·············· 75

第四章 现代教育理念下健美操教学方法的创新设计
与应用·····························87

第一节 常见健美操教学方法·····························88
第二节 健美操教学方法的合理选择·····················96
第三节 健美操教学方法创新的思路·····················100
第四节 创新健美操教学方法设计与应用·················103

第五章 现代教育理念下健美操教学模式的创新设计
与应用·····························113

第一节 常见健美操教学模式与应用·····················114
第二节 健美操教学模式的科学构建·····················125
第三节 健美操教学模式改革的建议·····················128
第四节 创新健美操教学模式设计与应用·················131

第六章 健身健美操技术学练方法设计·················137

第一节 健身健美操基本知识学习·······················138
第二节 健身健美操基本动作学练·······················143
第三节 健身健美操套路动作学练·······················151
第四节 健身健美操"有氧舞蹈"训练方法设计·············170

第七章 **竞技健美操技术学练方法设计** ·································· 175

第一节 竞技健美操基本知识学习·································· 176

第二节 竞技健美操基本动作学练·································· 179

第三节 竞技健美操成套动作学练·································· 184

第四节 竞技健美操表现力学练 ·································· 186

第五节 竞技健美操操化训练方法的创新设计 ··········· 197

第八章 **健美操教师课程设计的专业技能培养** ·················· 201

第一节 健美操教师的教学内容编制技能培养 ··········· 202

第二节 健美操教师的活动组织技能培养 ·················· 208

第三节 健美操教师的负荷调控技能培养 ·················· 218

第四节 健美操教师的教案设计技能培养 ·················· 222

参考文献 ·································· 240

第一章

现代教育理念内容阐析

　　一直以来,教育都是社会发展的重中之重,是社会广泛关注的重要课题。教育的质量和水平如何,直接决定着国家综合实力及政治、经济、文化等各个领域的发展状况,发展教育是首要任务。教育理念对教育的发展起到引领作用,因此科学、先进的教育理念对于教育的发展至关重要。发展至今,与时代发展相适应的教育理念不断产生、更新,符合现阶段社会发展的现代教育理念主要有素质教育理念、人文教育理念、创新教育理念、体教融合理念、现代教师素质观等,并且这些教育理念都会对体育教育产生深远的影响,这也是本章要重点阐析和探索的主要内容。由此,读者能够充分了解现代教育理念的各项内容和意义,为健美操课程设计与应用奠定坚实的理论基础。

第一节　素质教育理念

一、素质教育的含义解析

(一)素质教育的基本含义

1997 年,国家教育委员会在《关于当前积极推进中小学实施素质教育的若干意见》中对素质教育的含义进行了明确解释:"素质教育是以提高民族素质为宗旨的教育。它是依据《中华人民共和国教育法》规定的国家教育方针,着眼于受教育者及社会长远发展的要求,以面向全体学生、全面提高学生的基本素质为根本宗旨,以注重培养受教育者的态度、能力,促进他们在德智体等方面生动、活泼、主动的发展为基本特征的教育。"

(二)素质教育与全面发展教育

从根本意义上看,素质教育与全面发展教育观念是一致的。

全面发展教育的主要目的就是促进人的智力和体力充分自由、主动发展,促进人的各方面才能和兴趣、特长和谐统一发展。当然,人的道德水平、审美情操的发展也包含在全面发展教育之中。素质教育也是将促进人的全面发展和综合素质的提高作为自身的关注重点。因此,素质教育观念与全面发展教育观念两者在教育目的和人才培养目标上是一致的,也可以将素质教育理解为是对全面发展教育的完善。

(三)素质教育与应试教育

素质教育与应试教育两个教育观念之间是根本对立的关系。具体来说,它们之间的对立体现在以下几个方面。

1. 教育目的不同

应试教育将分数和选拔作为主要的考虑因素,其主要目的就是考取高分、获得升学资格,属于急功近利的短视行为。

素质教育则主要是以受教育者个体发展和社会发展的需要为己任,主要目的则在于提高国民素质,追求教育的长远利益与目标。

2. 教育对象不同

应试教育的教育对象主要是高分学生,大多数学生和差生往往是被忽视的。从某种意义上来说,应试教育重视的是高分,这都是违背义务教育的宗旨以及"教育机会人人均等"原则的。

素质教育的教育对象是全体学生,其宗旨为促使每个学生都得到发展,每个学生都在其原有的基础上有所发展,都在其天赋允许的范围内充分发展。素质教育,实际上是差异性教育的一种形式。素质教育面向的是每一个有差异的学生,即素质教育要求平等地对待每一个学生,要求尊重每一个学生。

3. 教育内容不同

应试教育将考试和升学需要作为主要考虑的核心因素,只教应试内容,忽视了非应试能力的培养。

素质教育则将学生全面素质的提高作为主要立足点,讲授适合学生发展和社会发展需要的教育内容。

4. 教育方法不同

应试教育采取的是急功近利的做法,通过题海战术、猜题押题、死记硬背、"填鸭式"教学等来达到提升学生成绩的目的,这就加重了学生的课业负担,同时,这对于学生能力的全面发展是不利的。

素质教育提出了开发学生潜能与优势的要求,重视启发诱导,因材施教,使学生学会学习。

5. 教育评价标准不同

应试教育要求学校的一切工作都围绕着备考这个中心展开,要求学生积累与考试有关的知识、形式及应试技能,以便考取高分;要求老师将分数作为教学的唯一追求,以分数作为衡量学生和老师水平的唯一尺度。素质教育则立足于学生素质的全面提高,以多种形式全面衡量学生素质和教师的水平。

6. 教育结果不同

应试教育所导致的主要结果:多数学生被忽视,产生厌学情绪,片面发展，个性受到压抑，缺乏继续发展的能力。

素质教育所产生的主要结果：全体学生的潜能可以得到充分挖掘和发挥，素质可以得到全面提高，个性得到充分而自由的发展。

（四）素质教育的实质

通过上述对素质教育与全面发展教育、应试教育的对比，我们可以将素质教育的实质总结为以下几点。

（1）素质教育坚持面向全体，具体来说，就是满足全体学生基本的学习需求，提高全体成员的整体素质，提高国民的整体教育水准。

（2）素质教育将促进学生全面发展作为主要目的。具体可以从两个方面进行理解：一个是把全面发展理解为德、智、体、美的融合性、渗透性发展；另一个是强调将思想政治素质教育突出出来。

（3）素质教育注重让学生生动活泼、积极主动地发展。

（4）素质教育对学生创新精神和实践能力的培养非常重视。

（5）素质教育强调为学生的终身发展奠定基础，要培养学生终身学习的能力。

二、素质教育理念的主要内容

一般的，素质教育理念的内容主要有以下几个方面。

（一）发展个性

从现代心理学的角度来看，个性是一个人的整个精神面貌，是一个人稳定而又本质的、具有一定倾向的心理特征，需要、动机、兴趣、性格及能力等都属于个性的范畴。素质教育理念是将让学生生动活泼地发展、以学生为中心、以学为主的观念反映出来。个体全面素质的培养与发展个性之间并不是相悖的关系，而是相互促进的关系，前者是后者的重要前提，人与人之间，先天禀赋以及后天环境的差异，使每一个人都与其他人表现出不同的素质结构，教育则应基于个体素质结构的不同施以不同的影响。

另外，由于每个人在特点和特长方面是存在差异的，这就为其智力的开发及创造力的培养提供了基础,也为个性的培养提供了理论依据。从实质上来说,个性发展就是在实施素质教育时,既注重培养个体的全面素质,又注重学生的个别差异。学生综合素质的提高,与教育者从学生的实际出发有着密切的联系,同时,还要对学生的闪光点进行积极挖掘,使其获得某一方面素质的提高,从而带动其他方面素质的发展。

(二)全面素质的培养

个体的发展与某一方面或某些方面素质的提高,并不是等同的关系,对某一个体发展的好坏进行考查,参照的标准应该是其整体素质是否提高。

从社会发展对个体的需要方面来看,每一个个体都要具备一定的公民素质,这是必需的,这就要求个体能获得在德、智、体、美、劳等诸方面的和谐发展。每一个个体全面素质的提高,一方面可以保证其正常的社会活动或适应整个社会生活,另一方面又为其某一方面素质达到最佳水平的发展提供保障。不管是什么样的教育,只要是只注重某一方面素质培养的都是不可取的,这就要求在素质教育的实施过程中,教师形成全盘考虑个体素质,使其相互融合、相互渗透与促进的观念,这是每个教育工作者应形成的起码理念。

(三)素质教育的动态性观念

关于人的素质,从根本上来说,实际上就是适应某一特定社会发展需要所必须具备的重要条件。从某种程度上来说,其是特定历史发展的基本要求的一种体现。

社会总是处于不断变化与发展之中的,这也就赋予了素质教育显著的动态性特征,也可以将其理解为,对学生素质的要求总是随着社会发展而变化的。个体的需要、性格和兴趣等通常会随着年龄的增长而不断变化,我们的素质教育也会随着个体的变化而有不同的做法。基于社会及个体的发展变化,在实施素质教育的过程中,要将社会需要与个体发展作为两个非常重要的因素进行考虑。以个体应有的和可能的发展为依据,设计素质教育的稳定的要求,同时针对各种具体情况的不同,又要有富有变化的素质教育行为。另外,由于个体所获得的素质也是动态的,其某一方面素质的获得意味着对其前一阶段要求的否定,因而素质教育的要求也应有相应的变化。

(四)素质教育的特色

关于素质教育,其所强调的重点在于整体性与全面性,但是,这与在素质教育实施过程中,依据地区、社会发展的特殊状况和需要以及学校所具备的条件与特点,在全面贯彻教育方针的前提下,考虑多样化的特色教育模式是不冲突的。选取学生某方面素质作为突破口,通过全体学生这方面素质的提高,从而带动其整体素质的全面发展,是素质教育的特色所在。需要强调的是,素质教育的特色就是对学生素质的全面提高的高度重视。

素质教育理念在整个素质教育过程中都有着充分体现,是否具有正确的观念决定着素质教育的成败。综上所述,现阶段我国素质教育的观念应是面向全体学生,注意学生整体素质的提高,使学生获得个性的全面发展,学校应注重其素质教育的要求的灵活性和统一性,使学校办出自己的特色。

三、素质教育的实施

(一)实施素质教育的重要意义

当今世界,人才是第一资源的观念日益深入人心。要建立我国人力资源优势,教育是关键。但由于受根深蒂固的传统文化中一些负面因素的影响及一系列现实原因,我国目前的教育观念、教育内容和教育模式等已明显滞后于我国经济和社会发展的需要,滞后于人的全面发展的需要。面对我国人才稀少、国民素质有待提高的客观现实,必须进行教育创新,全面实施素质教育。

(1)素质教育的实施,是提高民族整体素质和民族创新能力的必然要求。

(2)素质教育的实施,是建立我国"人才高地"的必然要求。

(3)素质教育的实施,是提高我国教育国际竞争力的客观需要。

（4）素质教育的实施，是促进人的全面发展的客观需要。

（二）素质教育的具体实施办法

通过上述分析发现，素质教育作为一种新的思想，具有一定的科学性，这一点是毋庸置疑的，并且这种观念的产生与社会发展趋势及个体发展规律是相符的。但仅仅形成这样的观念并不是我们的目的所在，还需要将这种观念变为现实，这就是我们要面临的素质教育的具体实施问题。

在很长的一段时间内，传统的教育片面地理解和认识社会的需要，将注意力集中于升学考试上，教育也配合升学的要求。以至于只重视知识的传授，却忽视了学生能力及品德的培养。因此，实施素质教育也就成为当前教育的着眼点和改革教育的有效途径。

一般来说，实施素质教育可以从以下几个方面着手进行。

（1）要在观念上有积极转变。学生素质的全面培养与发展，应该是教育的重点所在，具体来说，就是要在注重学生知识学习的同时，注重学生能力的培养；在注重学生各方面发展的同时，注重学生个性的培养，达到使学生的素质得到整体性提升的目的。

（2）教学方面，要将对学生的积极引导作为关注重点，使学生将外在信息经过大脑加工转化为其内在的心理因素，使学生获得某种素质的提高，教师应善于分析这一内化过程。

（3）将学生的开拓能力和创新精神的培养作为关注重点，使学生获得自我教育与发展的良好条件。

（4）培养出精明强干、以身作则的教育领导集体和热爱学生、事业心强、业务水平高的教师队伍。

（5）为适应素质教育的需要，还需要对现有的课程体系与教材教法加以改进。

（6）为使素质教育得以顺利实施，教育投入方面要加大力度。

第二节　人文教育理念

一、人文教育的概念界定

关于"人文教育"的概念,在当今教育理论界中有着各自不同的理解,可谓仁者见仁,智者见智。比较典型的有以下几种观点。

（1）人文教育,是人性化教育,是通过人文的濡染与涵化从而使人学会做人的教育形式。

（2）人文教育,是指人文主义教育,科学教育与人文教育,或者说在教育思想及教育目的上的科学主义与人文主义两者之间的历史演变并不是简单的此消彼长的关系,而是呈现复杂交错的关系。

（3）人文教育就是人文精神的教育,人文教育就是指弘扬人性,强调人文精神的教育。

（4）人文教育,也可以指人文学科教育,人文教育就是指文学、史学、哲学基础学科以及语言和艺术学科的教育。

综上所述,人文教育既包括对知识、科学、真理的重视和追求,也包括对道德、理想、信念、人生、人格和社会相关问题等重大价值的渴望与呼唤。其在对人尊重以及对人生存意义和价值取向等问题的反思方面的注重程度还是比较高的。人文教育的主要原则为对人的终极关怀和现实关怀相结合,其重要基础是实现人的完整性,目标则是全面而自由地发展。

也可以将人文教育界定为人文教育就是培养人的人文精神的教育,以一切具有人性陶冶意义的人类文化与阅历经验为教育内容,以知识传授、环境熏陶、实践体验和自身修养等为途径,达到提升人性、发展个性、塑造人格和培养人文精神为目的的教育理念与实践,其终极目标在于"精神成人",在于培养出具有健全的精神、生存的本领、独立的个性、完善的人格、强烈的责任感和富有创造力的新人。

二、人文教育的内容

科学的人文教育内容能为现代学校开展人文教育提供必要的依据和方向指导。人文教育的内容要根据学生的思想素质状况和有利于学生的可持续发展来确定。具体而言,人文教育的内容大致包含以下三个方面内容。

(一)人文知识教育

人文知识是与自然知识和社会知识相对应的一种知识类型,是人类总体知识构成中的一个重要组成部分,是以语言(符号)的方式对人文世界的把握、体验、解释和表达。社会科学的绝大部分知识几乎都属于人文知识的范畴。一般来说,学校人文知识教育包含的知识主要有以下几种类型。

(1)思想政治类和法律类知识,主要对学生正确的世界观、人生观、价值观进行培养,使其具有良好的情操,形成知法懂法、遵纪守法的意识。

(2)伦理道德类知识,主要培养学生的社会道德规范、为人处事方法,以及健康的心理素质。

(3)文学、历史、艺术、语言类知识,主要对学生进行审美教育、创新思维培养和优秀传统文化熏陶。

(4)专业辅修类知识,主要开阔学生眼界,拓展学生思维,反思科学技术的两面性,开拓人文教育的新空间。

(二)人文思维教育

人文思维,可以将其理解为开放的形象思维,也可以理解为原创性思维的源泉,是直觉,是顿悟,是灵感,是人的灵性的重要体现。

在进行人文知识传授时,一定要对学生进行积极的引导,使其能够领悟人文知识中包含的人文思维,进而开启学生丰富的想象力、敏锐的领悟力和创造性思维。而人文思维的训练途径之一就是艺术教育。通过人文思维教育的训练,能使学生对于如何探索超越技术本身的问题有很好的理解和应对,可以站得更高,看得更远,可以使他们在设备使用、产品开发的过程中,融入更多的艺术灵感,使技术更富有人性化理念。而这些思维方法是学生在市场经济体制下,在激烈的竞争中取得优势的最基本要素。

（三）人文精神教育

人文精神教育在人文教育中处于重要的核心和归宿地位。人文知识传授是人文教育的基本层面，人文精神的培养则是深层次的、超越性的，目的是获得对"为什么"的价值认知。可以说，人文精神既是一种对形而上的追求，也是形而下的思考，是道德价值本身，同时也是人之所以为人的权利和责任。

人文精神教育的内容涉及以下三个方面。

（1）培养实事求是的精神。培养实事求是的精神，就要树立和坚定建设中国特色社会主义的共同理想，既胸怀远大又脚踏实地，不唯上、不唯书、不迷信权威，反对口是心非、文过饰非，敢于坚持真理等。

（2）培养人文关怀意识。人文关怀体现的是一种知行统一的笃行精神，和谐处理个人和他人、集体、社会、自然的关系。人文精神教育要以人为中心，尊重和关怀每个生命，帮助个体树立健全的人格和健康的心理。

（3）培养创新精神。只有具有创新精神和创新意识，才可能在技术使用和产品设计的过程中不仅考虑实用功能，也考虑其美学价值和社会功能，去挖掘技术背后所隐含的人文因素，使枯燥乏味的技术操作充满丰富多彩的情感和关怀。

需要强调的是，人文教育的三方面内容是一个有机的整体，缺一不可。另外，由人文知识教育到人文精神的内化是一个长期、反复的过程。

三、人文教育的培养目标

（一）首要目标：树立科学的世界观、人生观和价值观

人文教育要解决的首要问题就是"做人的方向性"问题。科学的世界观、人生观、价值观（简称"三观"）可以使学生对人生的价值有一个正确的定位，对真善美有一个正确的理解，对世界有一个宏观的把握，从而增强对国家、民族的深厚情感，确立为建设中国特色社会主义而奋斗的政治方向及全心全意为人民服务的人生追求。

对于学生来讲,"三观"教育既是高远的,又是具体的、形象的、生活化的,"三观"教育包含的内容主要涉及幸福观、金钱观、劳动观、荣辱观、爱情观等方面。可以说,培育学生成为一个有益于社会、有益于国家、有益于他人的心智健全的人是人文教育的首要目标,也是学校的办学方向。

(二)基础目标:培育良好的职业道德

职业道德,就是从事一定职业的人们所应遵循的行为规范及必备的道德品质。职业道德主要包含的内容:职业道德的基本原则、职业道德规范和职业道德范畴三个方面。具体而言,道德教育的内容有以下几个方面。

(1)爱岗敬业。爱岗就是热爱本职工作岗位,安心本职工作,干一行爱一行。敬业就是对本职工作认真负责、一丝不苟,干一行爱一行。

(2)诚实守信。诚实守信是立人之道,修业之本,"言必行,行必果"是基本要求。

(3)严守纪律。每一个行业都有本行业的规则意识和职业纪律,这是必须严格遵守的。

(4)服务至上。每一个行业都有自己的服务要求和服务群体。培养学生良好的职业道德素质,是人文教育当下的现实需要,具有基础性的地位。

(三)现实目标:磨砺良好的精神境界

当前,由于受到多种因素的影响,很多学生产生了焦虑、自卑、抑郁、敏感等心理障碍。因此,现阶段教育的一个重要目标,就是教会学生如何保持自己良好的精神境界,成为心智健全、心理健康的人才。具体可以从以下几个方面着手进行。

(1)通过积极的引导,使学生从"天之娇子"逐渐转变为"普通劳动者"的角色定位。

(2)通过积极的引导,使学生学会欣赏自己,善于发现自己的优点和长处,乐观自信,不卑不亢,不骄不躁。

(3)通过积极的引导,使学生处事宠辱不惊,遇事冷静理智,学会从事物的多方面、多角度去分析利弊,权衡得失,做到心态平和,摆正自己的人生定位。

（4）通过积极的引导,使学生社会适应能力良好。

(四)核心目标：塑造完美的人格

塑造完善的人格是教育的永恒理念。只有形成了主体的人格,才能形成性格,才具有人格魅力,成为一个完美的人。从根本上来说,完善的人格就是要将逻辑与直觉、理智与情感相辅相成、协调互补的关系处理好。

完善的人格,是孟子所说的"富贵不能淫,贫贱不能移,威武不能屈",是《易经》中所讲的"天行健,君子以自强不息;地势坤,君子以厚德载物。"体现的是积极进取、心胸宽广的人格特征;是将集体、国家的利益铭记心中,为了集体、国家的兴旺发达而自觉进行艰苦奋斗的人格。

(五)终极目标：人文精神的形成

人文精神,就是各种人文知识、艺术素养通过知识传授、教化示范、环境熏陶,内化为人格、气质、修养,升华为人的一种相对稳定的内在品格。在人文教育的过程中必须坚持主体性教育原则。主体性教育充分尊重受教育者的能动性、自主性和自觉性,使教育过程成为学生自我认识、自我选择、自我发展、自我完善的过程。这种对人的"终极关怀"的人文精神,不仅是对人的修养层面、情感层面的关注,更是对人在追求真善美和自由而全面发展层面的关注。

需要强调的是,人文教育的这五个目标是相互协调、相互促进、相互渗透的关系。这些目标并不是独立存在的,而是一个循序渐进的过程,也是一个学生心灵逐渐净化、升华的过程,还是一个终身教育的过程。

第三节　创新教育理念

一、创新教育的概念界定

尽管创新教育在我国已经提出多年，但是，关于创新教育的概念界定至今没有准确的定论。关于创新教育概念的理解众说纷纭，其中，较为典型的理解有以下几种。

在理论界，对创新教育的概念讨论较多且流传较广的当属"价值取向说"，该学说认为，创新教育是指在基础教育阶段以培养人的创新精神和创新能力为基本价值取向的教育实践。这一概念理解有着非常广泛的影响。

教育哲学方面，对创新教育概念的理解为"教育转向说"，其主要观点：创新教育是从"守成性教育""维持性教育"到"创新性教育"的转向，是从注重教育的文化传承功能向注重教育的文化革新功能的转向。从严格意义上来说，这一观点还不能作为创新教育的概念界定。但这一观点在学术界的影响力也不容小觑。

唐国庆、周振铎在《创新教育与教学实践》一书中对创新教育的概念界定为："创新教育，应该说是创新素质教育，是一种关于培养人的创新能力的教育。它是以激发人的创造本性为前提，以传授现代科学知识信息、训练创造性思维、学习创造技法为内容，以开发人的创造潜能、培养人的创新精神和实践能力、发展人们创造力、促进他们创新能力的发挥，并促进人的整体素质发展为目的的新型教育。"

还有学者将创新教育的概念界定为创新教育是指在基础教育阶段以培养人的创新精神和创新能力为基本价值取向，以发展人的创新潜能、弘扬人的主体精神、促进人的个性和谐发展为宗旨，以研究和解决如何培养学生创新意识、创新思维、创新能力以及创新个性为主要目标的教育理论和方法。

从上述这些观点可以看出，创新教育是素质教育的重要组成部分，是"以人为本"的个性化教育。创新教育是人的个性发展和知识经济时代的需要，其主要核心在于对人的创新意识的激发和挖掘，主要目的是弘扬人的创新精神，形成人的创新能力，全面提高人的创新素质，实现的主要目标则是培养创新人才，通过对传统教育的改革和创新，探索和构建一种新的教育模式。

相较于一般教育来说,创新教育有其自身的特殊性(表 1-1)。

表 1-1 一般教育与创新教育对比

项目	一般教育	创新教育
目标	单纯的知识传授、积累	培养求知欲和开发创造能力
要求	以记忆显现型思维为主,拘泥于现成理论	学生不满足于现成的知识和结论,尽力扩大知识面,将专业知识学习与多学科知识学习相结合,开阔视野,丰富想象力,提倡学习的多维性、多元性和自主性,提倡课堂教学与社会实践、调查研究相结合
教学内容或方法	提倡统一性、规范化	在实践中由以传授知识为主的观念向以培养能力为主的观念转化,由单纯"以分取人"的考试制度向"以创造能力取人"的全面考核制度转化,由"满堂灌"的教学方法向"启发式"的教学方法转化

由此可以将创新教育的概念界定为:创新教育是以人的个性发展为依据,通过教育过程,借助启发诱导的教育方式,以激发和开拓人的创新意识为核心,来达到提高人的创新精神、创新能力为重点,以提高人的整体素质的目的,全面落实创新人才的培养目标。

二、创新教育的特征

创新教育的特征实际上是创新教育本身所具备的特性,这也是其与传统教育相对比的自身特有特征,具体如下。

(一)主体性

创新教育的主体性,是指创新教育行为的主体性特点。创新活动对于主体的外化过程是具有依赖性的,是由主体这个内因起作用的,离开了主体这个内因的作用,任何有利于创新的外因都将失去意义,因此可以确定,创新教育行为的主体性是外因通过内因而起作用的。创新教育的主体性强调教育要尊重和发展学生的主体意识和主动精神,自觉发展学生以创新为内核的主体性人格,培养和形成学生的健全个性。

我们可以将创新教育的主体性大致归纳为两个方面:一方面,是要唤起学生的主体意识,为创新行为做好心理上的准备;另一方面,是要发挥学生创新的主体精神,为创新意识转化为创新行为提供不竭的驱动力。总的来说,创新活动不是教师强加给学生的,而是源于学生创新的内驱力,在这一过程中,教师只起到"催化剂"的作用。

(二)全体性

创新教育的全体性,就是创新教育对象的全体性。其主要取决于知识经济时代教育的基础性地位。这里的知识创新在其经济增长上是非常重要的因素,处于关键性地位。而知识创新主要依赖于高素质创新人才的创新活动。学校教育就是培养和造就这种高素质创新人才的摇篮。这种基础性地位的摇篮性质对创新教育必须面向全体学生起到决定性的影响。因此,面向全体学生实施创新教育,真正使全体学生拥有创新精神、创新意识和创新能力,就成为现代社会教育发展的一个重要方向。

(三)共融性

创新教育的共融性是指创新教育努力塑造智商和情商的和谐共融,锤炼完美、健全的理想化人格。创新教育与传统教育是不同的,主要表现为其追求的是人格发展的和谐性与特异性的统一。只有这样,创新教育才能真正使个体生命"成为宇宙的精华、万物的灵长,成为灿烂太阳底下大写的人"。

(四)全面性

创新教育的全面性是指创新教育的内容是全面性的。其决定性因素为创新活动的规律和特点。创新教育的内容必须是全面的、系统的。某种意义上,也可以将创新教育理解为建立在素质教育基础上的全面性教育。创新教育必须贯穿于所有的学科教育之中,具体来说,就是把创新教育贯穿和渗透到德智体美等各育之中,并且在教育的内容上注重整体的结构性。从整体上来说,创新教育要培养学生的创新素质,而创新素质包含多个方面的要素,比如,创新意识、创新精神、创新动机、创新兴趣、创新人格、创新能力等。除此之外,还要注意在教育内容上也要做到安排的整体性。

(五)环境宽松性

创新教育的环境宽松性是指创新教育必须要创设一个有利于学生创新的宽松环境。创新教育的这一特点主要取决于创新人才成长的规律和特点。创新教育对创新环境的要求是比较高的,因为创新教育的实施必须是在一定的环境中才能实现的,在社会、学校和家庭中创造有利于学生创新意识、创新精神和创新能力培养和发展的宽松环境,造成学习上自由讨论、观点上兼容并蓄、开拓上行为解放、探索上大胆尝试的良好氛围,才能使创新思想大迸发,创新精神大发扬,创新活力大奔放,为创新人才脱颖而出创造良好的创新教育环境。

(六)创新性

创新教育的创新性是指创新教育目标的创新性。创新教育将培养创新精神和创新能力的创新型人才作为主要目标,因而,对于那些扼杀学生创新精神和创新能力培养的应试教育的弊端必须彻底改革,通过创新教育,学生的创新精神和创新能力可以得到生动活泼的发展。

(七)实践性

(1)创新教育的实践性注重对受教育者实践能力的培养,使之具有陶行知先生所说的"征服自然、改造社会"的本领。

(2)创新教育的实践性对受教育者社会活动能力的培养是非常重要的。

(3)创新教育的实践性强调受教育者处理社会问题的经验、技巧与技能的掌握和习得,从而能够较好地适应社会生活,从事社会实践活动。

三、创新教育的实施原则

在创新教育的实施过程中,需要遵循的原则有以下几个方面。

（一）德育为先原则

人的素质包括德、智、体、美等多个方面，其中，居于首位的是德，德育是灵魂，思想品德素质是最重要的素质。实施创新教育，就是为了以博大的人文精神去熏陶受教育者，把创新能力引导到正确的方向。创新能力本身没有好坏之分，"近朱者赤，近墨者黑"，创新能力主要受人的情感、道德品质的支配。当今世界，一个人的社会公德和职业道德如何，以及如何做人做事，往往会对人们的事业成败产生重要的决定性影响。因此，教育者在创新教育中具有以下两个方面的重要职责：教会学生如何做人；教会学生如何思考。创新教育遵循德育为先的原则，向学生传授知识和能力。

（二）启蒙性原则

启蒙性原则，是指在实施创新教育时，要实施科学的启蒙教育。我国的教育，往往只注重知识体系，而忽略了其也是观察世界的方式，是科学的思想、科学的精神、科学的态度与科学的方法。关于真正意义上的科学启蒙教育，我国的教育方法是比较欠缺的，这也导致了学生的创新意识不强。现代脑生理学和儿童发展心理学研究表明，儿童拥有无限的创造潜能，他们中间蕴藏着极大的创新能力。创造潜能并不神秘，它来自人脑的巨大可塑性，体现了人所特有的不可替代的价值。每一位正常儿童都有一定的创造潜能，都能通过创新教育实现其创造的追求。因此，创新教育应该从儿童牙牙学语时开始，抓好科学启蒙教育至关重要。

（三）主体性原则

主体性原则即在创新教育教学过程中要将学生这一主体充分体现出来。学生是学习的主体、发展的主体。学生的学习和发展都是通过他们自己的学习实践实现的。按照这一原则，在创新教育过程中，要做到以下两点。

（1）尽可能地为学生提供独立活动的机会、时间和空间。

（2）主体性学习应有"质"的规定性，具体来说，就是要有学习的积极性、主动性、独立性和创造性。

(四)发展性原则

发展性原则,是指创新教育,是发展性教育,在实施教育过程中要严格参照学生的身心发展规律来进行。学生的成长过程,实际上就是其生理、心理、知识、能力、经验等不断发展和完善的过程。这种发展包含着知识水平的发展,同时也包含着人格的发展。创新教育作为发展性教育,要以学生身心发展规律为参照依据,实现学生认知和个性发展的和谐统一。因此,在实施创新教育过程中,要对学生智商的发展和情商的发展同样重视;同时,也不能忽视对学生健全人格的培养以及认知水平的提高。

(五)尊重个性原则

尊重个性原则,是指在实施创新教育教学过程中,教师要创造良好的条件来使学生的个性得到充分发展。教师对每个学生的兴趣和爱好、特长和人格都持尊重态度,以一种平等、博爱、宽容、友善的心态,对待每一个学生,使学生的身心得到自由的舒展,个性得到充分发展。

(六)问题性原则

问题性原则,是指教育者在实施创新教育过程中,以问题为线索来进行探究、发现、创新,通过积极的引导,使学生不断进行探索。要达到这一目标,要求教师在实施创新教育教学中做到以下几点要求。

(1)设计问题一定要注意新颖性与层次性。

(2)教师不能直接向学生提供现成的结论或解决问题的方法,而是让学生通过自己的探索去总结结论和方法。

(3)教师要善于启发学生提出问题,课堂上一定要创设问题的环境。

（七）创新性原则

创新教育本身就强调创新，因此创新性是其本身自带的一个显著特征，具体来说，就是指教师在教育教学过程中，要锐意开拓，用新异的教育教学方式处理问题，从而使学生的创新思维、创新精神和创新能力得到培养和提升。在创新教育过程中遵循创新性原则，要做到三点要求。

（1）要选择多种结论的问题。

（2）开导思维的流畅性、变通性和精确性。

（3）鼓励学生大胆运用假设，对一个问题提出的合理假设越多，创新的可能性就越大。

（八）开放性原则

创新教育的开放性，主要是指创新教育教学实践中的开放性教学空间问题。创新教育遵循开放性原则，要满足四个条件。

（1）学生在课堂学习中要保持开放自由的心态，不受压抑。

（2）教学内容不能受限于教材和教师的知识视野。

（3）教师要重视对学生进行开放性思维训练，对学生的探索持客观评价的态度。

（4）教育方法要在课本、教师的所谓标准答案等的基础上有所突破。

（九）激励性原则

创新教育的激励性，是指在创新教育教学中，教师要采用积极的鼓励措施，使学生积极探索，对学生创新的动机、热情和信心起到激励作用。教师要培育学生对自己创新能力的自信和获得创新成就的勇气，鼓励学生积极探索和选择创新途径，寻找新方法。

第四节　体教融合理念

一、从体教结合到体教融合

为全面推动学生的全面发展,培养适应经济建设与社会发展的体育人才,教育部提出了"体教结合"的体育教学改革模式,并获得显著的成果。体教结合主要是指高校在开展课程教育的过程中,提升体育教学力度,引导学生参与体育活动,提升自身的心智水平和综合素质,形成终身体育的意识,从而使其成为促进我国体育事业快速发展的优秀人才。现阶段体教结合已经广泛地应用于我国各大院校的体育教学工作中,主要包括三位一体、混合、省队校办三种模式,其中体教结合混合模式是较为常见的教学模式,主要分为"普通型"和"突出型"两种,而在奥运会或其他国际体育比赛中,混合模式为我国培养出大量优秀的体育人才。而相较于普通混合模式,突出混合模式能够结合学生的认知特点,提升体育教学的质量,丰富课程内容,培养出更多的运动员。而三位一体的体教结合模式,主要指高校通过将训练、教学、科研有机融合在一起,实现体育教学效果最佳的教学模式,该模式比较适用于一般性的体育院校。最后是省队校办体教结合模式,该模式能够充分发挥教育和体育系统的优势,然而由于比赛项目中存在大量观赏性的、影响力小的项目,致使省队校办模式难以得到有效的推广。

在体教结合的过程中,出现了越来越多的问题和弊端,而为有效满足当代教育的发展要求,推动学生的全面发展,需要将传统的体教结合发展为新型的体教融合。在概念界定层面上,体教融合主要是指全面培养优秀体育人才的教育模式,能够切实地解决传统体教结合所存在的弊端,使体教融合更有效、更全面地成为现代体育教学工作的有机组成部分。在解决体教结合问题上,体教融合主要有以下三种方法及策略。

首先,将教育系统和体育系统相融合,切实地实现"整体选材"的发展目标。其次,通过教育部的引导与规制功能,提升体育教学在现代教育中的地位,推动体育人才的全面且健康的发展。最后,学校和体育部联合构建运动员队伍,使体育教育逐渐纳入宏观管理体系之中,使地方教育更具针对性和目标性。

二、体教融合的深化

2020 年 9 月，国家体育总局和教育部联合印发《关于深化体教融合 促进青少年健康发展的意见》（以下简称《意见》），从加强学校体育工作、完善青少年体育赛事体系等八大方面提出 37 项举措，全方位推动深化体教融合，促进青少年全面健康成长。

体教融合是体育和教育界的一个老话题。20 世纪 80 年代中期，为了克服竞技体育人才培养的体制机制障碍，"体教结合"被提出并付诸实践，逐渐成为培养体育后备人才的重要举措。

当时体育和教育的分离是这一政策出台的背景。从问题的缘起上看，一方面，恢复高考后，应试教育加强导致学生负担加重，体育课受到排挤，难以全面开展；另一方面，为了取得高水平的运动成绩，参与训练的学生训练时间延长、训练量加大，文化课学习受到影响，而市场经济下运动员原有的退役保障制度也受到冲击。种种原因使得原有的训练体系以及学校体育和文化教育有机融合的态势遭到破坏，造成了体育和教育的分离。这种分离指的是运动员培养过程中体育和教育两个管理部门的分离，运动员文化学习和运动训练的分离，体育教育和其他学科教育的分离。为解决这一问题，从 20 世纪 80 年代中后期开始，教育部门和体育部门围绕教体结合、体教结合出台了一系列政策，进行了诸多尝试。比如，在普通高校试点招收高水平运动员、试办高水平运动队，在体育系统内部建立完整的体育中专体系，进行体工队"院校化"改革等。但这些措施都没能充分解决青少年学生包括青少年运动员的全面培养、协调可持续发展问题。

出于竞技体育超前发展的需要，体育系统建立了一套独立运行、自成体系的专业训练体制，在相当长的时间里，使得体育与教育内在价值的联系减少。

近年来，体育、教育部门在开展青少年校园足球和阳光体育一小时等活动及体育后备人才培养方面进行了一系列合作，取得了一定成效，但在指导思想、目标任务、资源融合等方面仍需改进和完善。

目前，学校体育工作还存在一些短板，体育教育重视不够、学生体质下降等问题仍未得到根本性解决；在体校教育中，文化也是薄弱环节。这些问题的解决需要进一步推动体教融合。

《意见》的印发，是推动学校体育和青少年体育事业发展的大事，具有里程碑意义。

近年来,党中央高度重视青少年体育特别是学校体育工作,体教融合作为一个重要的理念变革和战略趋势,被赋予了新的使命。以前讲体教融合,更多的是强化体育与教育部门在竞技人才培养上的资源整合,是体育部门对教育部门在文化教育、后备人才培养、退役运动员安置方面的利益诉求。而新时代的体教融合,关注的是青少年全面、健康发展,从人的全面发展层面强调体育与教育在功能与目标上的充分融合。

深化体教融合针对的是全体青少年,并不是传统意义上的高校办高水平运动队、专业体院办竞技体校等。它的目的是促进青少年健康发展,培养德智体美劳全面发展的社会主义建设者和接班人,需要树立健康第一的教育理念,重点是推动青少年文化学习和体育锻炼协调发展,加强学校体育工作,完善青少年体育赛事体系。

体教融合不光是把体育和教育两个部门的资源简单相加,而是一种理念变革,这种理念要达到以文化人、体育人的目的,使体育在育人方面的综合功能和价值得到更大的释放,发挥更重要的作用。因此,体教融合是指体育和教育在价值、功能和目的上的充分融合,共同作用于青少年的发展。

在传统观念里有进行体育训练会影响学习成绩的偏见。体育锻炼对促进学生学习、提高学习成绩是有好处的,国内外大量研究已对此进行了佐证。体育是教育的重要组成部分,要真正做到德智体美劳全面发展,把体育上升到育人层面,跳出体育看体育,全面认识体育的真正意义和价值。

要全面深刻理解中央深改委从国家层面推动体教融合的本质意义,只有政府、部门和社会同向发力,体教融合的目标才能实现;要全面认识体育的多元功能和体育事业的重要价值,从服务青少年健康发展的高度,理解新时代体教融合的责任使命;要全面更新育人观念,从人的全面发展的角度深刻理解体教融合的精神内涵。

体育和教育部门需要树立健康第一的教育理念,要在学校体育教育教学机制、人才培养机制、服务社会机制,在教育理念、教学方法、教学条件、社会参与方面一体化设计,一体化推进,一体化落实,一体化实施;确立学校体育的核心地位理念,体育部门主动融入学校体育,在提高体育课质量、开展业余训练、举办赛事方面发挥作用;树立体教协同育人理念,使体教融合产生"1+1>2"的效果;树立多元开放融合的发展理念,积极对接社会、市场,推动更多社会组织成长为青少年健康教育的新阵地。

除此之外,体教融合还需要通过转变教育理念、加强教育督导等举措,进一步深化学校体育教学改革,完善师资队伍建设、学校场地建设,加强校园安全防护体系建设。要把经费投入作为学校体育的重要保障,设置"生均体育经费",在体育场馆、设施器材等硬件投入的同时,兼顾教师培训、医疗保障、科研等软件投入,全方位促进学校体育发展。

学校、家庭、社会三位一体的融合是今后推进体教融合的一个创新点。学校体育是中坚力量,但体育教育并不只是学校一方的责任,需要摆正学校体育的位置,充分认识家庭体育教育的作用,这是当前的一个薄弱环节,同时要正确认识社会体育教育,提高整个社会对于体育功能价值的认识。

体育教育水平的高低是国家综合实力的体现,体育回归教育是体教融合的现实选择与必然归宿。落实体教融合,促进体育更好地回归教育,是家庭、学校、社会、政府和个人的共同责任。

赛事是激发青少年体育锻炼的内生动力,也是体教融合的关键。《意见》明确了学生体育赛事将由教育、体育两部门共同组织,整合两部门现有青少年体育赛事,建立分学段、跨区域的四级青少年体育赛事体系,并共同完善相关评价奖励机制等。

几十年来,体教融合的改革一直在探索中前行,但一些深层次问题尚未得到解决。条块分割造成的部门合作不畅通和协同机制不完善是阻碍体教融合的堵点和痛点,《意见》的出台有利于解决这一问题。

教育和体育本来是相通相连的,但由于分属两个部门管理,一方面,带来了支撑、扶助,促进了某些方面加快发展;另一方面,也使本来相通相连的事情变成了各自独立、相互分割的事情。今后要以体制融合促成体教融合,把两个系统的力量协同起来,在高水平运动员培养、体育管理人才培养、学校体育发展、体育科技研究、体育产业发展等方面深度融合,协同发力。

青少年的体质健康关乎国家和民族的未来,从部门利益上升为国家利益,为国家战略服务,是体教融合进行部门协作、资源整合的基本前提。

随着人们对体育认识的改变,我国培养优秀竞技人才之路越走越宽广。而体教融合不仅着眼于培养优秀竞技人才,更重要的是要树立健康第一的教育理念,推动青少年文化学习和体育锻炼协调发展,加强学校体育工作,帮助学生在体育锻炼中享受乐趣、增强体质、健全人格、锤炼意志,为培养德智体美劳全面发展的社会主义建设者和接班人贡献体育和教育共同的力量。

第五节　现代教师素质观

一、教师与现代教师素质观

(一)教师的地位与作用

要了解和认识现代教师素质观,首先要对教师有一定的了解。教师是社会发展的产物,是教育的实施者,关于教师的概念,可以从广义上理解为,凡是增进他人的知识技能、影响他人思想品德形成的人;也可以从狭义理解为,是在各级各类学校及其他教育机构中专门从事教育教学工作的专业人员。不管是哪种意义上的教师都有着崇高的社会地位。

1.教师在社会中的地位

教师在人类社会的延续和发展中起着重要作用,他们有着崇高的社会地位。我国一直都有尊师重教的优良传统,古人有"天地君亲师"之说。尽管封建社会时期受"学而优则仕"和"官本位"的传统思想的影响,教师的社会地位大大降低,但是,后来随着国家对教育事业的重视,教师的社会地位也逐渐提高,不仅提高了政治地位,还改善了的生活待遇。随着经济的发展和社会文明的进步,教师已经成为令人羡慕和受人尊敬的职业。

2.教师的作用

(1)教师的社会作用

第一,传递和传播人类的文化科学技术知识,对人类社会的延续和发展起着桥梁作用。第二,培养人良好的思想、塑造人高尚的品德。

（2）教师的教育作用

教师在教育过程中起着重要的主导作用。其原因有三：第一，教师是代表社会要求的施教者；第二，教师是专门的教育工作者；第三，教师是教育活动的组织者和领导者。教师的主导作用和学生的主动性的发挥相辅相成。

（二）现代教师素质观的主要内容

现代教师素质观，主要包含两个方面的内容：一方面，教师要具备一些具有时代性并且能有效应对社会变化的基本素质；另一方面，教师要具有适应社会发展的时代性素质，主要是指终身学习的能力、信息化能力以及研究性教学的能力等。

二、现代教师素质观之基本素质

对于现代教师来说，其应该具备的基本素质有以下这几个方面。

（一）正确的教育理念

现代教师要具有与时代精神相通的教育理念，教师对教育工作的本质、责任以及特点要有深刻的理解。要对教师所从事的是关系到社会的发展和民族与国家的未来，关系到每个人的生命价值和每个家庭的幸福与希望的重要事业有充分的认识，从而形成对事业的责任感和荣誉感。受这种正确理念的影响，教师在教育工作过程中才能做到以素质教育为本，把发展人的智力、开发人的个性放在首位；才能不断开拓自己的事业，努力寻求科学的教育教学方法；才能在教学活动中不断地完善、充实自己，形成自己独特的教学风格，实现由工匠型教师向专业型教师的转变。

（二）良好的职业形象

教师的劳动特点是劳动者与劳动工具的统一，教师的自身形象对于学生的发展来说，有着强烈的外在示范性与内在感染性等显著特点。

教师的仪表、教风、言谈举止和良好习惯,都是教师良好素质的外化,同时教师也作为重要的动力对学生形成良好素质产生影响。叶圣陶说:"教师的全部工作就是为人师表。"只有这种良好的形象、规范的行为,才能对学生起到言传身教、潜移默化的作用,才能对学生良好人格的培养与形成提供一定的帮助。

(三)多元的知识结构

在教育实施的过程中,各科教师都要有互相配合的意识,应善于从学科交叉、学科对比与学科渗透等方面对学生进行教育。这就要求教师构建多元的知识结构。具体来说,就是要求教师首先要掌握扎实的专业知识,在此基础上,还要进一步学习自然科学和社会科学,研究前沿的最新成果和最新知识,学习和掌握更多的教育学和心理学的理论。

(四)多向的教育交往

在整个教育教学活动中,不仅涉及教师和学生,还涉及其他教师、学生家长、社会教育力量等多个方面,因此进行多向的教育协调与交往就显得尤为重要。教师必须具有理解他人和与他人交往的能力,这样才有可能实现有效的教育。首先,教师要使学生积极主动地投入到教育活动中来,这就要求做好与学生的沟通。其次,教师必须克服以学科为中心的个体工作意识,与其他教师相互合作、相互支持。最后,教师还要建立与家长合作和相互支持的关系、与社会有关机构中的人员的协作关系。

(五)完善的能力结构

(1)教师要具有较高的获取知识的能力,包括搜集资料、查找资料及对资料的筛选、摘录与综述的能力。

(2)教师要具有较高的教学能力,包括教学常规、教学评价、教学实验和现代化教学手段的运用。

(3)教师要具有较高的教育能力,包括对学生进行个别教育、集体教育和组织、管理、协调、控制等能力。

（4）教师要具有较强的科研能力。

（六）健康的心理素质

教师的心理健康水平会直接影响到学生的心理健康与发展，因此，教师具有健康的心理素质是非常重要且必要的。

（1）教师要注意保持乐观的心境，保持积极振奋的精神状态。

（2）教师在学生面前要保持稳定的情绪，始终要将收获的喜悦传递给学生。

（3）教师要有宽容的心理，要能够容忍学生的无知，宽容学生的过错，使学生在愉快和谐的环境中健康成长。

三、现代教师素质观之专业精神

现代教师劳动特点主要表现为复杂性、创造性、示范性、长期性、前瞻性等几个。随着社会的发展和教育教学的需要，这几个劳动特点会发生一定的变化，但是，不管劳动特点怎么变，其使命是一直存在的，即努力学习，提高自身素质；实施素质教育，切实提高民族素质；勇于创新，并形成自己的教育特色和教学风格。

从教师专业性质和专业化过程的特点方面来说，现代教师应当具有的专业精神有以下几点。

（一）敬业乐业精神

敬业，是教师对自己所从事的专业工作发自内心的崇敬。不管是什么样的教师，都应当首先对教师专业有清晰而独特的了解和认识，怀有强烈的尊严感。这样，对于建立起坚定的专业信念，对社会的各种评价作出正确的、理性的判断都是非常有帮助的。

乐业。乐业就是教师对自己有正确认识的前提下，对专业工作表现得从容自在、心甘情愿、毫不勉强。一旦成为一名教师，就要做到淡泊明志、清高有为，由敬业乐业中获得人生之乐。

（二）勤学进取精神

教师作为教育者，也需要不断学习，以适应教育发展的需求，因此，教师也是学习者。只有这样，才能真正成为知识和文化的化身，才能担起培育人才的重任。尤其是随着现代社会的发展，新知识、新观念、新理论不断涌现，教师几乎每天都面临着一个新的世界，只有不断勤奋前进，把学习当作自己工作乃至生命中不可缺少的部分，才能适应时代要求。否则，师生之间赖以建立多种关系的基础就会消失，教师的教育者地位也就不存在了。

（三）开拓创新精神

"教育即创造"，这是毋庸置疑的。现代教育在社会发展过程中也处于不断发展变化的状态中，学生本身具有个性化特点，再加上其各个方面的不断变化，时代发展对人的要求日新月异，这就对处于教育者的教师提出了更高的要求，因此，墨守成规、一味地凭借个人经验进行教育教学是不被允许的了，而是要求教师敢于借鉴，勇于开拓，依据变化的情况，不断寻求适合教育对象的教育方案、方法和手段，使自己的教育教学活动更科学、更完善，建立起自己独特的教学风格。

（四）无私奉献精神

教育工作本身具有显著的细致性、艰巨性和复杂性等显著特点，教师所付出的劳动是无法进行量化衡量的。这必然要求教师对教育工作保持一种无私的奉献精神。这种精神的表现，就是教师尽可能淡化功利思想，不斤斤计较物质享受，不迷恋于世俗浮华，不对个人利益患得患失。一切以育人为上，全心全意，把知识、智慧、爱心和时间乃至生命奉献给每一个学生。

（五）负责参与精神

教师的角色职能对教师必须有高度的负责精神和参与精神起到重要的决定性影响。这里所说的负责精神的内涵有两个方面。一方面，教师要有高度的教育责任感,对每个工作环节都一丝不苟,对每个学生的健康成长都认真负责,尤其是对差生,更要加倍爱护,不可随意淘汰放弃;另一方面,教师要有高度的社会责任感,关心国家发展,捍卫民族文化,主张社会公平正义。这种负责精神又必然要求教师具有积极的参与精神,即参与学生生活,参与社会生活。

在现实教育教学活动中,教师的负责精神通常是强调的重点,但是,参与精神却往往被忽视,这与之前传统的教育思想与教育方式有着非常密切的关系。在一个时代中,教师是时代的光驱;在一个社会里,教师是社会的导师,因而教师被赋予了"国师"和"全民之师"的称号。教师以自己的实际行动,对社会生活关心参与,对社会现象评论批判,对社会理想追求,会构成一种潜在的、巨大的、动态的社会变革力量。尤其是现代学校的社会功能日趋增强,教师与社会的联系也更加频繁,这种力量越来越显得重要。

第六节　现代教育理念对体育教育的影响

一、认识体育教育现状,明确体育教育理念的发展趋势

(一)学校体育教育发展过程中出现的问题

1.生搬硬套国外先进理念与经验

在改革开放方针的指引下,我国学校体育打破了自我封闭的局面,通过交流,学习和借鉴了许多国外有益的经验。但是,由于受到各种因素的制约,对国外学校体育的先进理念和经验理解不透,有些甚至生搬硬套,与我国体育教育的实际情况不符。

2.对体育教育相关问题的研究不够深入

对学校体育课程的理论、教学规律及教学特点等问题缺乏深入的研究,容易在体育教育教学方面出现误导。这对于在体育教育过程中充分调动学生对体育学习的积极性是不利的。

3.缺乏创新性

众所周知,素质教育的核心是培养学生的创新能力,从目前学校体育教学的总体情况来看,普遍缺乏对学生创新能力的培养,教学内容比较陈旧,与学生渴望求得新知识和新技术的心理是不相符的。体育教学组织形式和教学评估,都是由主管部门制定统一方案的,在联系实际进行调节和创新,面对现实、面向未来的改革与发展方面是较为欠缺的。

4.引起混乱,欠缺科学性和可操作性

体育课程名称不统一,比如,中小学将其称作"体育与健康",而高校则称作"体育课程",容易引起混乱。同时,体育课程的目标体系的科学性、评估方法的可操作性都还存在科学依据不足的问题。

(二)学校体育教育发展的基本趋势

1.学生参与体育教育活动的积极性不断提升

"健康第一""终身体育"已经成为学校体育的指导思想,发挥着重要的指导作用。通过体育教育,广大学生终身从事体育锻炼的意识将更加牢固,学生学习体育的积极性更高,学校体育将为培养德、智、体、美全面发展的高素质人才做出更大的贡献。

2.理性化程度越来越高

学校体育理论研究对理论联系实际的重视程度不断提高,理性化的发展趋势越来越显著,同时,还将更加重视科学论证,如问卷调查的科学性、样本的合理性、课题的科学设计与结果分析等均会进一步提高,并更加重视理论研究成果指导学校体育实践。

3.科学化与系统化程度越来越高

学校体育课程的结构体系和内容的科学化程度越来越高,体育课程标准在结构体系上将向发达国家的课程标准靠近,在吸收国外体育课程标准经验和结合我国实际的基础上,课程标准的统一性与灵活性、适应性与发展性、人性化与层次化等方面都会进一步提高。

4.区域化、本土化和特色化越来越显著

学校体育教育发展的区域化、本土化和特色化程度越来越高,并逐步建立有中国特色的学校体育教育体系。

二、加强和完善学校体育管理制度建设

学校体育制度管理涉及的面较为广泛,有主管领导的责任,也有科研、教学、训练、后勤保障等方面。在进行管理时必须提出统筹规划,实行系统管理,才能达到良好的管理效果。

(一)体育教育制度管理

一整套科学的、系统的、符合客观实际的规章制度,能使体育教育各项工作的正常运转得到保证。这些制度包括、教师教学工作基本规范、教师的基本要求、教师的职责和权利、教学纪律、新上岗教师应具备的条件、备课、课堂教学、课程考核、教学研究、课外辅导、带队训练、参加比赛、场地使用、器材借用、请假制度、查课制度、奖励与惩处等。这些制度能够起到的作用有以下几点。

（1）规范作用,即规范相关的教育管理行为,使学校体育管理进一步走向规范化。

（2）保障作用,虽然制度建设不是必要条件,但是制度在塑造人的观念和行为方式上具有不可替代的价值。

（3）引导作用,制度中的种种规定,可以很好地引导教师向这些方向迈进,使自己的教育教学行为更好地符合制度的有关要求。通过制度建设,转变教师观念、驱动教师认同管理、积极参与管理是一条很重要的途径。

另外,要想将体育教育制度的作用充分发挥出来,需要遵循效率原则、参与原则。

(二)体育教学管理

从某种意义上来看,学校体育教学管理是学校整个体育工作的中心环节。只有重视和抓好这个环节,才能既保证体育课的教学质量,才能合理有效地开展其他体育活动。非但如此,体育教学管理所涉及的不只是体育教学的某些局部问题或某个侧面,而是整个体育教学工作的整体最优化问题。鉴于此,就要积极转变观念,树立体育教学的整体观;全面地探讨体育教学工作领域中的各个方面的关系和联系,综合

地处理体育教学中所涉及的各种问题,促进体育教学工作整体最优化。

体育教学管理所涉及的范围是非常广泛的,概括起来可分为以下几个方面。

1. 人的管理

体育教学中的人的管理,一个是对体育教师的管理,主要是对体育教师教学工作的安排、指导和检查、监督,使其尽职尽责。同时要帮助他们不断地提高自己的教育、教学的素养和能力;一个是对学生的管理,主要是通过体育教师对所承担的体育课及有关的活动来进行的。其中包括对学生的组织、遵守教学常规、出勤情况、身体情况、学习情况(成绩)以及教学过程中的协调和控制等的管理。

2. 物的管理

体育教学中的物的管理主要是对体育场地、器材和设施的管理。具体来说,要做到以下几点。

(1)要建立管理条例。

(2)要账目清楚,登记清楚各种物品的规格、数量等,有检查制度。

(3)应有计划地增补、维修、自制体育教学设备和器材,提倡一物多用、废物利用、艰苦奋斗、勤俭节约。

3. 财务的管理

在各级学校中,通常都拟一定的经费用于改善体育设施和体育教学条件。对于这些经费的使用要合理。

4. 资料的管理

资料的管理主要包括与体育教学有关的资料和档案。体育教学档案的内容主要有:教育、体育行政部门下达的文件;本校制订的体育教学工作计划及有关规定;历年的教学研究和总结材料;学生体质健康卡片以及学生的体育成绩等。这类资料通常由学校体育教研室(组)保管,并且要分类存档。

5. 时间管理

时间管理主要是保证体育教学在规定的时间以内完成预定的任务,通过制定时间计划表的形式来将规定的日期及应当完成的工作任务表现出来。

三、学校体育文化环境得到良好的营造与改善

学校体育文化环境是学校体育文化的重要环节,会对学生的体育自我意识、体育态度、体育价值观,以及其对体育的情感、兴趣、愿望、需要和体育审美情趣与习惯都产生直接的影响。另外,学校体育文化环境对学校师生的生活质量、生活习惯及生活方式有着不容忽视的作用。学校体育文化环境能激发学生进行体育运动的欲望;能使学生形成正确的体育文化观;能陶冶学生情操,调节学生的生活节奏,促进学习。因此,学校体育文化环境的建设成了一个重要的课题。

学校体育文化环境的建设是一项长期的工程,应着眼于全面规划、长远建设,要同学校的总体建设相适应,同时还要适应社会政治、文化发展的大趋势。具体来说,可以从以下几个方面着手。

(一)科学规划学校体育文化环境建设

良好的学校体育文化环境的建设,是学校环境建设的一个重要组成部分,这是一个复杂而细致的工程,需要全校师生员工长期不懈的努力才能臻于完善。物质环境和精神环境同样如此。因此,必须重视学校体育文化环境建设的规划。具体来说,可以在学校总体建设的框架内,规划好学校师生开展体育文化活动必需的场所,使学校体育文化环境达到使用功能和审美需求的和谐统一,更好地将体育文化环境的作用发挥出来。

(二)创建学校体育文化环境

在创建学校体育文化环境的工作中,要同时将教育者的积极性和受教育者的积极性充分发挥出来,尤其要重视后者对学校体育文化环境的主动、自觉地创建,创建一个良好的学校体育文化环境,依赖于全体师生员工的实现活动,是全校师生共同的责任。

(三)建设具有学校特色的体育文化环境

建设学校体育文化环境,还要从本校的传统和培养目标出发,建

设具有学校特色的体育文化环境。例如,在校园内树立与本校传统体育项目有关的雕像,学校的宣传媒体经常广泛地宣传体育知识、名人名言、体育信息动态等。除此之外,学校还可以在每个运动场地或区域竖立该运动项目的宣传牌,上面写有该项目的名称、简介、技术要领及练习方法等。在这样的体育文化环境中,能使学生的生活方式发生潜移默化的变化,促进学生体育观念的改变,这对于弘扬民族传统体育文化、发扬爱国主义精神也是有所帮助的。

(四)加强学校体育文化环境的管理

加强学校体育文化环境的管理,能使学校体育文化的健康发展有一定保证。学校体育文化环境的建设涉及学校各方面的工作,要把学校各部门组织起来,制定相应的制度,进行科学化管理。有的学校虽然很重视校园体育文化环境的建设,但不善于管理,从而导致体育器材发生损坏或运动场地遭到破坏,甚至为了避免这些损坏和破坏,而做出禁止学生使用的决定。这都是由于学校没有一个严格的管理制度,不仅造成了学校人力、物力和财力的浪费,也会助长校园里的歪风邪气,难以形成良好的育人环境。因此,加强学校体育文化环境的管理,是学校体育文化健康发展、优化育人环境的重要保证。

第二章

健美操基本知识及其课程设计理论与操作

　　健美操作为一项新兴体育运动,既具有体育的魅力,也具有艺术的感染力,参与健美操运动能够锻炼人的力量、有氧耐力、柔韧性与协调性,能够培养人的表现力、审美能力和节奏感,因此这项运动受到了广大人民群众的喜爱。将健美操运动引进学校体育教学中,科学设计健美操课程,开展健美操教学工作,对促进学生身心健康和培养学生的综合素质具有重要意义。本章主要阐述健美操基本知识,分析健美操课程设计的理论与操作,从而为学校设计健美操课程提供理论与方法指导。

第一节　健美操运动基本知识

一、健美操的概念

健美操是融音乐、体操、舞蹈、美于一体,以身体练习为基本手段,以有氧运动为基础,通过徒手、手持轻器械和用专门器械的操化练习达到增进健康、塑造形体、丰富生活、陶冶情操的一项新兴娱乐、观赏型体育运动项目。

二、健美操的本质属性

(一)动作内容

游泳、体操、球类、武术等体育项目的动作只要经过操化处理,都可以创编成健美操动作,融入健美操运动中。此外,秧歌、拉丁舞等舞蹈动作经过处理后也可以改编为健美操动作。

(二)动作表现

在健美操动作表现中,身体的强劲律动是连续顺畅地完成动作的前提条件,即通过人体髋、膝、踝关节的协调律动来完成健美操动作,以充分展示身体动作的弹性。动作弹性的大小与健美操技术能力的高低有关。技术水平高,动作弹性就大。

(三)音乐特点

音乐是健美操的重要组成元素,健美操运动对音乐也有较为严格的要求,如节奏分明、旋律优美、强劲有力,能激发热情,渲染气氛。

在健美操教学与训练中,应该牢牢抓住健美操的本质特点,在此基础上科学构建正确的健美操内容体系,促进健美操运动的科学与可持续发展,充分发挥这项运动在健身、健心、塑体和娱乐等多方面的功能与价值。

三、健美操的分类

健美操和很多体育运动一样都是兴起于大众健身及娱乐活动。随着健美操运动的不断发展,逐渐融入表演和竞赛的元素,健美操的内容与表现形式越来越丰富和多变,分类方法也逐渐增多。

通常采用的健美操分类方法是按照健美操运动的目的和任务进行分类,将健美操运动分为健身健美操、竞技健美操和表演健美操三种类型,各类健美操又包含很多表现形式,如图 2-1 所示。

四、健美操基本术语

(一)场地方位术语

一般借鉴舞蹈中的基本方位术语来说明健美操运动中人的身体在场地上所处的方位。把开始确定的某一边(主席台、裁判席)定为基本方位的第一点,按顺时针方向,每转 45° 为一个基本方位,将场地划分为 1,2,3,4,5,6,7,8 点,共 8 个基本方位(图 2-2)。

图 2-2 从 1 点到 8 点分别表示的方位如下。

1 点表示正前方。

2 点表示右前方。

3 点表示正右方。

4 点表示右后方。

5 点表示正后方。

6 点表示左后方。

7 点表示正左方。

8 点表示左前方。

健
美
操

健身性健美操

按人体解剖部位分
- 颈部健美操
- 肩部健美操
- 手臂健美操（手腕、小臂、肘关节、上臂）
- 胸部健美操
- 腰腹健美操
- 髋部健美操
- 腿部健美操（踝关节、小腿、膝关节、大腿）

按目的任务分
- 形体健美操
- 姿态健美操
- 节奏健美操
- 减肥健美操
- 医疗保健健美操

按练习形式分
- 徒手健美操
- 持轻器械健美操（哑铃、球、橡皮带、棍）
- 专门器械健美操（踏板、圆盘、体操垫、健身器）

按性别分
- 男子健美操
- 女子健美操

按年龄分
- 老年健美操
- 中年健美操
- 青年健美操
- 少儿健美操
- 幼儿健美操

按人数分
- 单人健美操
- 双人健美操
- 三人健美操
- 六人健美操
- 集体健美操

按人名、动作特色区分
- 迪斯科健美操
- 武术健美操
- 简·方达健美操
- 瑜伽健美操
- 仿生术健美操

表演性健美操
- 爵士操
- 拉丁操

竞技性健美操
- 男子单人健美操
- 女子双人健美操
- 混合双人健美操
- 三人健美操（男女不限）
- 六人健美操（男女不限）

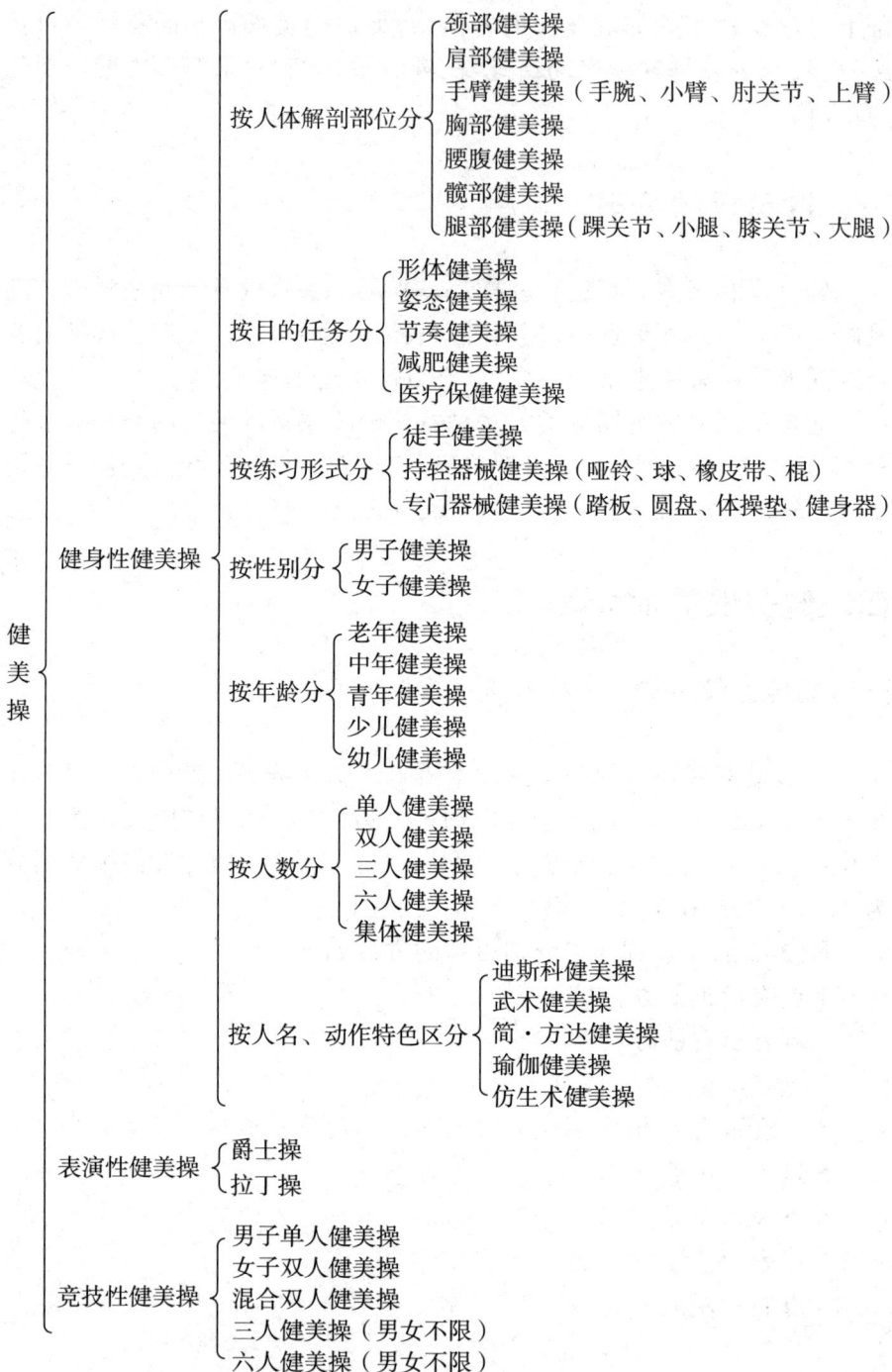

图 2-1　健美操的分类

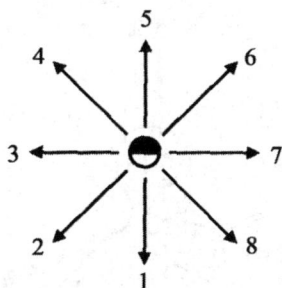

图 2-2　健美操场地方位

（二）运动方向术语

运动方向指身体各部位运动的方向。一般根据人体直立时的基本方位来确定。

1. 基本面和基本轴（图 2-3）

（1）基本面

按照人体解剖学方位，人体有三个互相垂直的基本切面。

矢状面：指沿身体前后径所作的与水平面垂直的切面。

额状面：指沿身体左右径所作的与水平面垂直的切面。

水平面：指横切直立人体与地面平行的切面。

（2）基本轴

按照人体解剖学方位，人体有三个互相垂直的基本轴。

矢状轴：前后平伸与水平面平行，与额状面垂直的轴。

额状轴：左右平伸与水平面平行，与矢状面垂直的轴。

垂直轴：与人体长轴平行，与水平面垂直的轴。

2. 动作方向

动作方向是动作与人体基本平面平行或垂直的指向，包括下面6个基本方向。

向前：做动作时胸部所对的方向。

向后：做动作时背部所对的方向。

向侧：做动作时肩侧所对的方向，必须指明左侧或右侧。

向上：头顶所对的方向。

向下：脚底所对的方向。

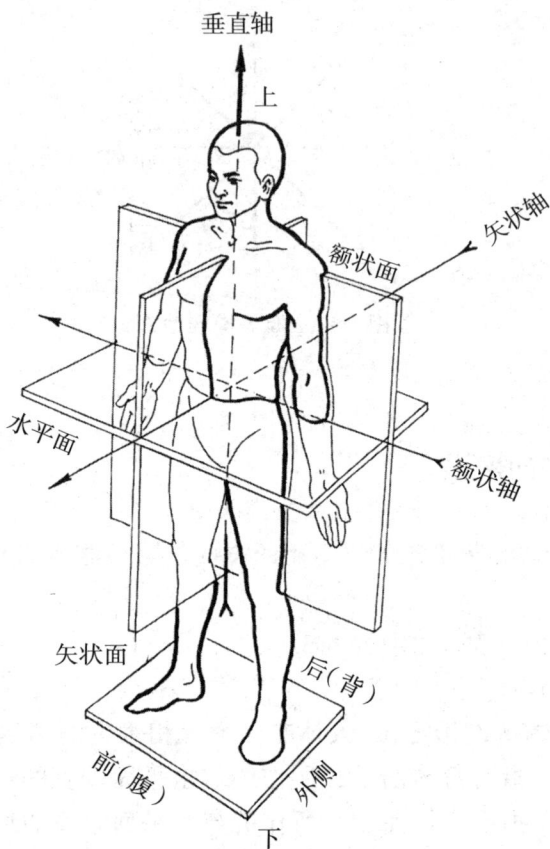

图 2-3　基本面和基本轴

（三）运动形式术语

健美操常见动作形式术语如下。

举：手臂或腿向上抬起，停在一定位置，如臂上举、举腿。

屈：身体某一部分形成一定角度，如屈腿、体前屈。

伸：身体某一部分形成一定角度后伸直，如伸臂、侧伸。

摆：肢体在某一平面内由一个部位运动到另一个部位，不超过180°，如摆臂、后摆。

绕：身体某部分转动或摆动180°以上（360°以上称绕环），如绕髋、肩绕环。

踢：腿由低向高做加速有力的摆动动作，如剪踢、弹踢。

交叉：肢体前后或上下交叠成一定角度，如十指交叉、交叉步。

转体：绕身体纵轴转动的动作，如单脚转体、水平转体。

平衡：用一只脚支撑地面，身体保持一定的静止姿态，如侧控腿平衡、燕式平衡。

水平：身体保持与地面平行的一种静止动作，如分腿水平支撑、水平肘撑。

波浪：身体某部分邻近的关节按顺时针做柔和屈伸的动作，如手臂波浪、身体波浪。

跳跃：双脚离地，身体腾空并保持一定的姿势，如团身跳、开合跳。

劈叉：两腿分开成直线着地的姿势，如横叉、纵叉。

梗：下颌内收、颈部伸直的动作，如梗头。

提：由下向上做运动，如提臀、提肩。

沉：身体某部分放松下降的动作，如沉肩、沉气。

含：两肩胛骨外开，胸部内收，如含胸。

挺：一般指胸部或腹部向前展开，如挺胸、挺腹。

振：身体某部位弹性屈伸或加速摆，如振胸、振臂。

收：向身体正中线靠拢或还原到起始位置，如收臂、收腿。

第二节　健美操课程设置现状分析

一、我国高校健美操课程设置现状调查分析

下面主要分析我国普通高校体育教育专业健美操课程的开设情况，包括健美操课程的开设时间，内容设置以及学生对课程设置的要求。

（一）健美操课程开设时间

调查了解可知，我国普通高校体育教育专业普遍在大学三、四年级开设健美操课程，也就是从第五个学期开始开设这门课程，每周学时数在 4～6。高校开设健美操课程，通常先开展普修课，再开设专修课，使学生先掌握健美操基本知识与技能，有了良好的健美操基础后，再进一

步学习专项知识与技能。很多高校从有体育教育专业开始就开设了健美操课程,开设年限超过十年的有很多,可见健美操课程在高校体育教育专业还是比较受重视的。

(二)健美操课程内容设置

高校体育教育专业开设的健美操课程中,主要教学内容包括竞技健美操三级规定动作、第三套大众健美操锻炼标准一级规定套路、啦啦操规定套路等,而踏板操、搏击操等有氧健美操,以及瑜伽、芭蕾、街舞等健美操的拓展内容很少出现在健美操课上,有的只是辅助性教学内容,而结合民族文化开展民族风健美操教学的学校更少。

高校设置健美操课程内容要以《全国普通高等学校体育课程教学指导纲要》的相关规定为参考,但不同高校设置的健美操教学内容在侧重点上是有区别的,有的侧重于大众健美操,有的侧重于竞技健美操,也有侧重于表演性健美操的,但不管侧重于哪种类型的健美操,教学内容都是比较常规的基本动作和套路动作,而健美操的拓展与延伸性内容、民族风的健美操内容以及有氧操类教学内容都是比较欠缺的,教学内容的片面化制约了高校健美操课程的发展。

(三)学生对健美操课程设置的要求

健美操在高校很受大学生群体的喜爱,大学生对学校健美操课程内容也有一定的期待与需求,他们不仅想要学习健美操基本动作和常规套路动作,还希望掌握关于健美操创编、健美操音乐剪辑、健美操比赛裁判等方面的知识。可见,高校大学生对健美操课程内容的需求比较多,而现有的课程内容还不能使学生的多元化、个性化需求得到满足,高校健美操课程内容有待进一步补充与完善。

二、我国高校健美操课程设置的发展趋势

高校设置健美操课程,应与学校实际情况如教学环境、硬件设施、师资力量、学生需求等充分结合起来,从实际出发,实事求是,同时讲求教学内容的科学性、多元性、实用性,将传统健美操教学内容与时下流

行的健美操项目结合起来,弥补健美操教学大纲的片面性,不断完善健美操课程教学体系,通过开设有氧搏击操、瑜伽、形体健身、街舞、水上健美操等丰富多彩的健美操课程来培养学生的健美操运动能力及健康体质,促进大学生个性化发展和全面性发展。

健美操运动在世界各地广泛流行,是全球性的体育文化内容,但放到一个国家或民族中,健美操运动又是具有国家特色与民族特色的体育文化内容,从这一点来看,高校设置健美操课程,既要适应世界潮流,又要赋予其民族特色文化,将时代潮流文化与国家民族文化结合起来,这样既能够丰富健美操的文化内涵,又能充实与完善健美操课程内容,同时还可以进一步普及健美操,借助健美操来传承民族文化。

第三节　健美操课程设计的理论基础

健美操课程设计的理论基础包括哲学认识论、知识观、学习理论、系统论、信息传播理论及几种教学论等,图2-4所示的是健美操课程设计理论的逻辑关系。这些理论是健美操课程设计的基石,对健美操课程设计原理及操作技术起到决定性影响。

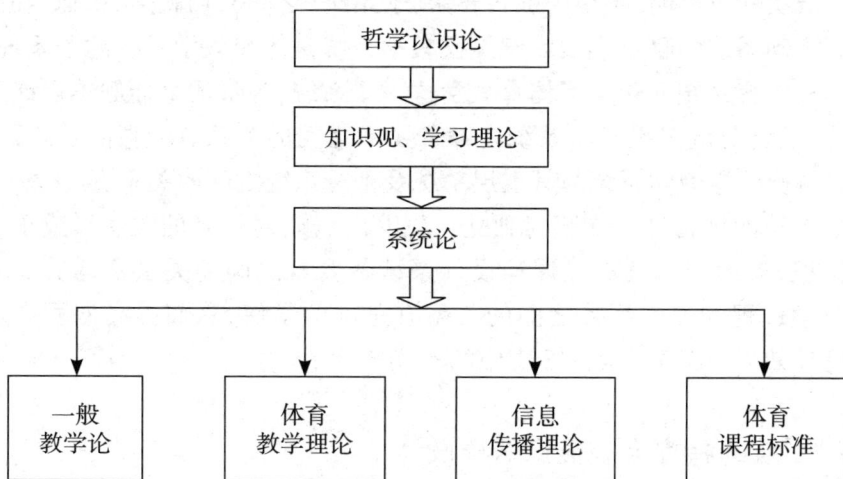

图2-4　健美操课程设计理论的逻辑关系

从理论逻辑关系来看,处于最上层的是哲学认识论,对教学设计而言这些理论中的核心是学习理论,而系统论是保证健美操课程设计科学性的重要理论。哲学认识论、学习理论与系统论是教学设计的一般理论,也是宏观理论,在健美操课程设计中要参考这些理论基础。但健美操课程设计属于体育教学设计的范畴,所以在课程设计中还要考虑体育学科的特点,参考体育学科的相关理论,如体育教学论、信息传播理论等微观理论基础。这些与体育教学相关的微观理论基础要贯穿于健美操课程设计的整个过程中,只有在各个设计阶段以这些理论基础为指导而把握设计方向和重点,才能为健美操课程设计提供强有力的支撑与支持。限于篇幅,下面选择宏观理论基础中的系统论和微观理论基础中的信息传播理论来分析这些理论对健美操课程设计的影响。

一、系统论

(一)系统的结构与健美操课程设计

任何一个系统都有自己的结构与功能。每个系统中所包含的各种要素之间的排列与组合都是有次序、有规律、有逻辑的,系统的结构是否紧密、稳定,与其本身是否有序有直接的关系。系统具有层次性,复杂系统的层次性更鲜明,系统内部各要素(子系统)之间密切联系,相辅相成,共同推动系统的稳定发展。健美操教学系统是体育教学系统的子系统,而学校体育系统又包含了体育教学这一子系统,为形成最佳健美操课程设计,既要对健美操教学系统内部各要素之间的关系有清晰的认识,又要了解健美操教学系统与其上层系统及平行系统之间的关系。

系统的结构和功能相对独立,又相互依赖,对二者的关系形成正确的认识,有助于对健美操课程设计系统各要素之间的关系及健美操课程教学过程和教学系统之间的关系有正确的了解,从而提高课程方案的设计效果,提高课程方案实施的真实效果。

(三)系统的特性与健美操课程设计

1.整体性

任何一个系统都是由两个或两个以上的要素组成的,组成要素相互区别、相互联系,它们以一定的规律、顺序组成系统,体现了系统的综合性。虽然系统中各要素的功能有区别,但它们构成整体的系统是遵循了一定的逻辑规律和统一要求的。系统由各要素组成,但并不是说各要素简单组合就构成了系统,基于各要素简单相加而建立的系统不是真正的系统,这样的系统不具备一个真正系统作为整体而具有的功能的。各要素按照一定逻辑关系和统一要求组合而成的系统具有作为整体的特定功能,虽然单独评价其中每个要素都有自己的缺陷和不足,但是它们的优化组合使得系统具有良好的整体功能。相反,即使系统内各组成要素各自都非常完善,如果不能按照一定的关系优化组合,也就无法使作为整体的系统拥有成熟的功能。系统作为整体系统拥有的功能比各要素的功能之和要大。

从系统的整体性特征来看,健美操教学就是一个整体的系统,在健美操课程设计中要对系统内不同层次子系统的情况进行分类研究,从而对课程教学内容进行有针对性的安排,对课程教学方法进行恰当选用,同时为科学安排训练负荷提供依据,最终实现系统整体的综合功能,实现良好的增值功能,提高健美操课程设计与实施的标准与效果。

2. 动态性

系统具有动态性,这主要是因为系统的组成要素之间密切联系、相互作用与制约,而且系统与外部环境也不断进行着交换与互动,具体表现在能量交换、信息互动、物质交换等方面。具有动态性的系统是不确定的、随机的,面对这样的系统,人们要学会随机应变,根据情况变化采取策略,从而促进系统的动态发展及其整体功能的充分发挥。在健美操课程设计中,要正确认识健美操教学系统的动态性,灵活设计,留出调整与完善设计方案的空间。

3. 目的性

每个系统所指向的目标都是特定的,要实现特定的目标,就要充分发挥系统的功能。在健美操课程教学设计中,要充分发挥健美操教学系统的整体功能及各要素的功能,以优化健美操教学效果,提高健美操教学质量,实现健美操课程教学目标。

4. 相关性

系统的内部组成要素不是完全相互独立的,各要素之间相互依赖,相互制约,存在着密切的相关性。在健美操课程设计中,要了解健美操课程教学系统内各组成要素之间的内在联系与密切关系,如教师与学生的关系,教学内容与教学策略的关系,教学条件与教学环境的关系等,了解这些结构性要素的相互关系,有助于利用这些关系来提高健美操课程设计的效率,充分实现健美操课程教学系统的整体功能。

5.反馈性

系统的反馈性主要体现在其自身所具备的自我调节功能上,要使系统维持稳定与平衡,就要充分调动这个反馈功能。为了进一步理解系统的反馈性,我们将系统的反馈解释为从系统的环境中收集关于系统产物的信息,尤其是关于产品优缺点的信息。在健美操课程教学设计系统中,设计方案就是前面所说的产品,方案的可行性高就是产品的优点,可行性差就是产品的缺点。

系统论对健美操课程设计的作用主要表现如下:

第一,为健美操课程设计方案的制定和健美操课程教学问题的解决提供了系统工具;

第二,提出系统分析的方法与策略,从而在健美操教学设计中对相关教学要素进行分析,在分析的基础上优化各个要素,完善教学系统的整体功能。

二、信息传播理论

简单来说,从一地向另一地传递信息就是所谓的传播,信息传播过程、传播形式、传播效果等是传播理论研究的主要内容。从本质上来看,信息的流动就是传播,传播的基本材料是信息。从传播理论上讲,教学过程是教师向学生传播信息的过程,教学过程中各教学要素之间的稳定关系及动态联系都能在传播理论中得到揭示,传播理论为健美操课程设计者科学设计完整可行的健美操课程提供了重要的理论基础。

健美操课程教学过程是健美操相关信息传播的过程,在健美操课程教学中如何采集与加工健美操教学信息,如何有效传递这些信息,这是教学工作者需要思考的重要问题。为了使教学信息的采集、加工得到进一步的优化,使信息传递效率与效果得到提升,必须对教学信息的存在形式或类型有所了解,判断其是语义信息、行为信息及符号信息等各类信息中的哪一种,然后根据这类信息的特点进行有针对性的加工与传播。

下面具体从两个方面分析信息传播理论与健美操课程设计的关系。

（一）信息的特点与健美操课程设计

对健美操教师来说，了解信息的特点对其设计健美操课程非常有帮助，有益于在健美操课程教学中充分发挥教学信息的重要作用。下面对信息的特征及其与健美操课程设计的关系展开分析。

1. 时效性

信息是具有时效性的，一般来说，信息越新，价值越高。所以在健美操课程设计中，教师要时刻把握最新健美操相关信息和传媒信息，并向学生及时传递新信息。另外，学生的动态变化信息也是教师需要随时了解的，这是教师优化课程设计的重要依据。

2. 可伪性

每个人对事物的认识都是有局限的，所以很难掌握全面的信息，甚至有时候掌握的是错误信息，人们也会制造假信息来达到某种目的，这就是信息的可伪性特征。在健美操课程教学设计中，教师要仔细判断学生信息的真假，分析反馈信息是否真实，并基于正确的信息对课程设计加以改进。

3. 不完全性

在人类发展的历史长河中，无论哪个阶段，人们都很难完全且全方位地认识自然界和社会，人们的认识往往存在片面性，所以人们也无法获得完全的信息，其实将全部信息丝毫不漏、丝毫不差地掌握是没必要的。信息的不完全性启发健美操教师在课程设计中要牢牢抓住那些关键的信息，而放弃不必要的、不重要的信息，以节约设计成本，提高设计效率。

（二）信息传播理论对健美操课程设计的影响

信息传播理论给健美操课程设计带来了以下三个方面的影响。

第一，健美操教师在课程设计的初始阶段分析学习者时，要对学习者的关键信息予以掌握，如健美操兴趣爱好、健美操理论素养、健美操技能水平、健美操运动经验等，清楚了学习者的这些信息后，根据学习者的实际情况而有针对性地将关键的教学信息传递给学习者。

第二，信息传播理论中涉及的传播媒体丰富多样，如何分析与选用传播媒体对传播效果有直接的影响。健美操教师在课程设计中要尽可能选择那些便于向学生传递信息且学生理解起来难度较小的媒体渠道,从而提高信息传递的效率和最后的效果。

第三,信息传播理论中信息反馈也是非常重要的一个内容,通过反馈可以了解那些收到信息的人是如何理解信息的,以及接收的这些信息是否达到了理想的效果。在信息传播理论下进行健美操课程设计,教师要重视教学反馈环节,以了解学生的学习效果,了解学生渴望获得哪些信息,从而有针对性地传递信息,满足学生学习需求。

第四节　健美操课程设计的程序与模式

一、健美操课程设计的程序

健美操课程设计包含如图 2-5 所示的五个步骤,下面对这五个步骤逐一进行分析。

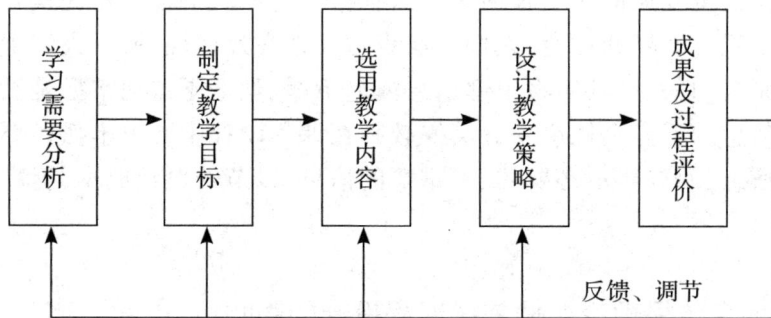

图 2-5　健美操课程设计的步骤

(一)学习需要分析

在健美操课程设计中,第一步就是要进行学习需要分析,即分析学生的学习需要,这是优化教学效果的重要前提条件。在健美操课程教学中,教师通过教学来服务于学生的学习和成长,学生通过学习,情感与行为发生了哪些变化,学习效果如何,这都是教学目标实现程度的反映。

　　健美操课程教学设计是解决健美操课程教学问题的过程,解决问题的前提是发现问题,对问题的本质有正确的认识,这就需要分析教学对象,了解其学习基础、学习需要,从而为后续教学设计工作(如制定教学目标、编排教学内容、设计教学方法、选用教学策略)提供客观依据。在关于学习者学习需要的分析中,主要分析学习者的起点能力、一般特点以及学习风格。

(二)制定课程教学目标

　　在教学设计的理论与方法中,优化实现预期的目标是设计的一个重要目的,因此教师要先明确"要到哪里去"的问题,然后实施具体教学。实现教学目标是开展教学活动、设计与选择教学资源和媒体、确定及实施教学策略所围绕的中心。教学目标也是评价教学结果的依据。在健美操课程教学目标的设计中,在目标表述上要做到清晰、准确、具体,不同层级的目标要用不同的陈述方式去表达,在表述中应包含四个基本的要素,如行为主体、行为动词、行为条件以及表现程度。

(三)选用教学内容

　　《义务教育体育与健康课程标准》从课程论的视角提出了"目标统领内容"的课程设计导向,这一导向要求根据课程目标选择课程内容,并合理编排和组织内容,使之成为教材,再根据需要将教材内容划分成时间不等的单元和学时。在教学设计中,必须透彻地分析教学生什么知识和技能、达到什么目的,对学生的身心和社会适应带来什么影响等内容。对健美操课程教学内容的分析与选用要符合教学对象的身心特征和学习需要。

(四)设计教学策略

　　在健美操课程设计系统中,关于教学策略的设计是系统的核心环节,它是指在教学过程中为完成特定目标,依据教学实际来总体考虑教学顺序、教学组织形式、教学活动程序、教学方法和教学媒体等要素的设计与安排。有效的教学需要有可供选择的策略来达到不同的教学目标,而且在教学策略的运用过程中要不断监控、调节和创新,以完善教学策略,充分发挥教学策略的功能与价值。

设计教学策略可以使教师如何教和学生如何学的问题得到很好解决,为解决好这两个问题,健美操教师在教学策略设计中要注意做好充分的教学准备,选择适宜的教学组织形式,采用丰富的教学媒体资源,结合教学目标综合考虑各项教学因素的运用与优化组合,有序安排好各项教学环节,同时要注重对师生互动活动的设计,重视与学生的交流与沟通。

(五)成果及过程评价

在健美操课程设计中,最后要开展评价工作,对教学设计成果及其实施过程进行评判,并对课程实施效果进行检验,获得反馈信息后对后面的课程实施过程予以调整,在课程评价设计中要树立正确的评价理念,采取科学的评价方式。课程设计的根本目的是解决课程教学中的问题,形成科学有效的课程实施方案,并在实施中取得理想的效果,主要表现为学生可以取得良好的学习效果。

从教学设计的角度来看,评价可分为两个方面,一方面是分析评价初步完成后的课程设计方案本身,根据评价结果来进一步修改不足的地方,不断加以完善;另一方面则是分析评判课程设计方案付诸实践后的情况。和教学反思相似,在实践中检验方案是否合理有效,为下一次的课程设计提供参考意见。

评价健美操课程设计成果及实施过程,需在"发展性评价理论"的指导下进行科学评价,通过评价促进课程设计的不断完善、课程实施效果的不断提高及教师的专业发展。

二、健美操课程设计的模式

健美操课程设计包含学习者、目标内容、教学策略、教学评价四要素。它们分别对应针对谁(Who)、学什么(What)、采用哪些教学策略(Which)、效果如何(How)四个问题,基本设计要素如图2-6所示。

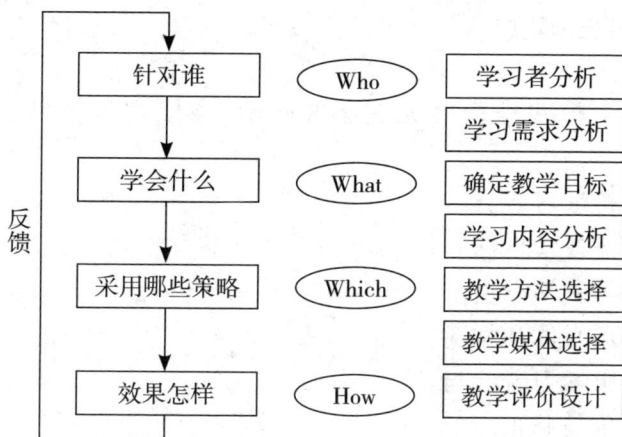

图 2-6　健美操课程设计要素

在明确上述结构的基础上可构建以下几种设计模式。

（一）乔纳森模式

乔纳森模式结构图如图 2-7 所示,该模式包含 6 个基本要素,分别是问题背景与处理、实例、信息资源、认知工具、协作工具及社会背景支持,这六大要素分别对应确定学习主题、创设教学情境、设计信息资源、安排自主学习、设计协作学习环境、获取环境条件支持六个设计环节。其中最里面的核心要素——问题的背景表征、问题处理空间是整个课程方案设计所围绕的核心。

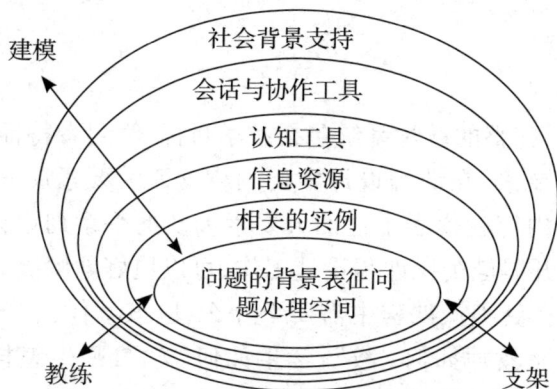

图 2-7　乔纳森模式结构图

（二）ASSURE 模式

ASSURE 模式结构图如图 2-8 所示，该模式包含以下六个设计环节。

（1）分析学习者。

（2）陈述教学目标。

（3）选择教学方法。

（4）使用媒体和材料。

（5）要求学习者参与。

（6）评价与修正。

按照上述环节逐步开展健美操课程的设计工作，有利于明确各个设计阶段的方向和重心，提高课程设计效率。

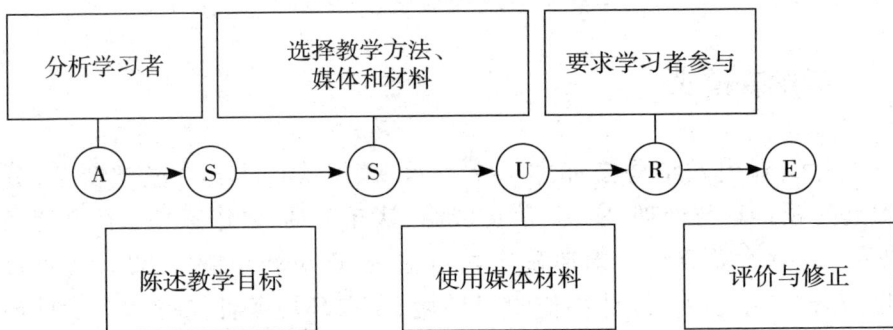

图 2-8　ASSURE 模式结构图

（三）肯普模式

肯普指出，完整的教学系统包括教学目标、学习者特征、教学资源及教学评价四个要素，在课程设计中要围绕这四大要素展开工作，图 2-9 中小椭圆中的内容就代表了这四大要素涉及的一系列设计环节。按照这些环节有序开展健美操课程设计工作，可以更好地解决如下问题。

（1）学生在健美操课程中需要学什么、应该学什么。

（2）健美操教师如何"教"，学生如何"学"，师生怎样协同配合才能实现健美操课程教学目标。

（3）评价预期健美操课程教学效果。

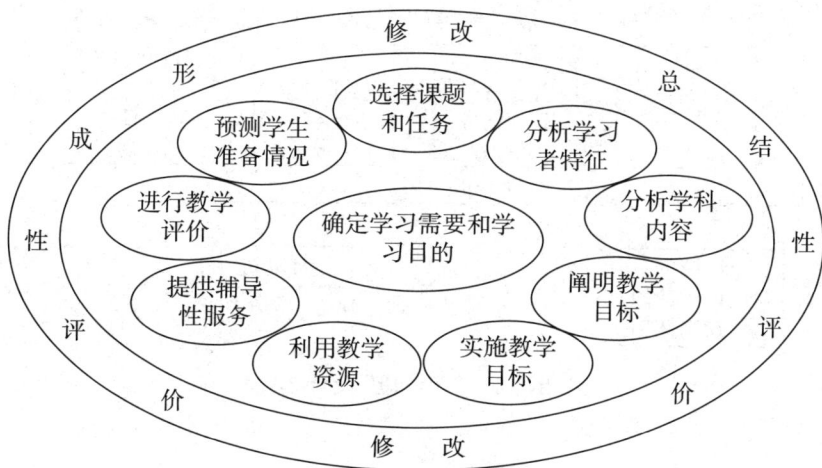

图 2-9　肯普模式结构图

（四）"四阶段"设计模式

上面提到的设计模式基本可以概括总结为分析、设计和评价三要素。我国学者借鉴这些研究成果，并结合我国体育课程教学情况，提出了"四阶段"设计模式，包括设计分析、选择决策、设计发展及修改评价四个阶段，如图 2-10 所示，这是我国学者关于体育课程教学设计基本思想和研究成果的呈现。在健美操课程设计中可参考这一模式实施设计工作。各阶段的设计任务如下。

1. 分析阶段

准确分析与把握学习背景、学习任务以及学习者。

2. 选择决策阶段

对教学信息资源、教学媒体、教学模式以及设计方法做出选择与决策。

3. 发展阶段

创造性地设计课程，考虑课程实施的可行性。

4. 评价阶段

评价整个教学设计，对不合理的地方进行整改，以补充与完善课程设计。

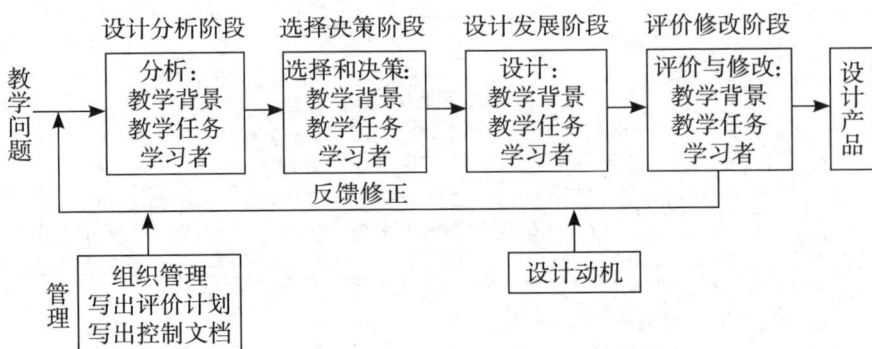

图 2-10 "四阶段"设计模式

第五节 信息化时代健美操网络课程设计

一、健美操网络课程的开发

当前来看,开发网络课程主要有以下两种模式。

模式一:商业公司制作模式。这种开发模式一般就是将已有教材、教案照搬到网上,没有体现设计思想的先进性,也没有高度归纳与整合课程内容,而是教学活动不够丰富,这些都是这种开发模式的弊端。

模式二:教师课题组模式。这种开发模式也是有缺陷的,主要不足在于一味强调按照教学设计的理论与操作程序对网络课程进行开发,而没有考虑软件工程开发的思想与原理,因此最后开发出来的网络课程比较局限,开放性差,协作性也不强,同时缺乏明显的交互性。

以上两种开发模式均有弊端,所以在体育网络课程开发中不宜采用。开发体育网络课程,要实现远程教学的良好效果,就要将现代远程教育资源充分利用起来,在软件工程设计思想和体育课程设计理念的指导下,遵循科学性、可持续发展以及开放性、协作性及交互性并举等原则,在良好的教学环境支撑下构建可行且高效的开发模式,如图 2-11 所示。该模式体现了模块化的网络课程开发理念,合理划分了课程建设的各部分内容,框架结构清晰且稳定,具有一定的参考价值。健美操作为体育学科教学内容,在健美操网络课程开发中同样可以参考这一模式。

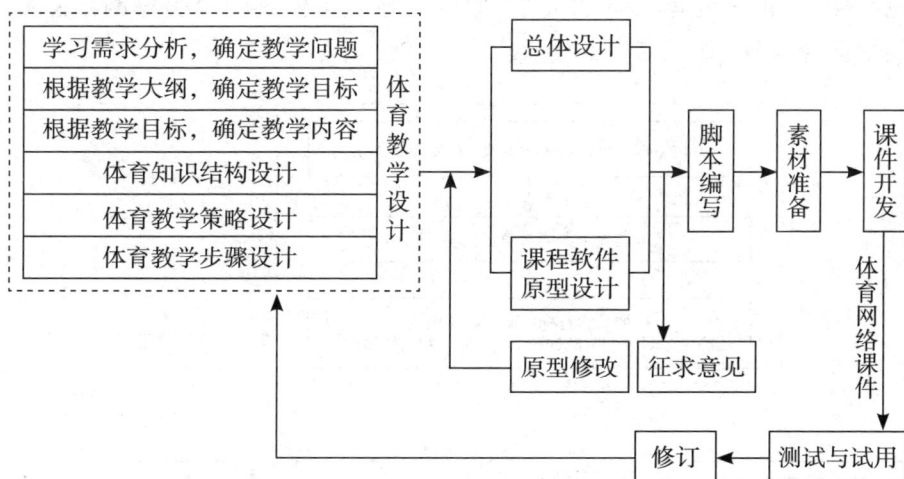

图 2-11 健美操网络课程开发模式

二、健美操网络课程教学设计

(一)设计流程

健美操网络课程教学质量在很大程度上由健美操网络课程教学设计所决定。健美操课程设计的传统模式具有过分强调教师的主导地位而忽视学生主体地位的弊端。传统模式错误地围绕教师这个中心来进行教学设计,学生没有机会发挥自己的主观能动性。

网络课程设计要克服传统课程设计的弊端,强调学生的中心地位和主体性,强调尊重并充分发挥学生的主动性和创造性,使学生改变被动学习状态。在关于网络课程教学策略的设计中,要体现教学策略的协作性、互动性,创设能够启发学生思考的问题情境。最终确定的网络课程设计流程与模式要能够发挥出导向功能,为健美操教师实施网络课程教学提供科学指导。

需要注意的是,在强调学生主体性的同时,我们也不能忽视教师的价值,只有让教师发挥自己的主导作用,才能充分落实网络课程教学设计中每个环节的具体工作。

综上所述,在健美操网络课程教学设计中,要将主导与主体同时重视起来,并正确处理二者的关系,形成主导 + 主体式的健美操网络课程教学设计流程,如图 2-12 所示。

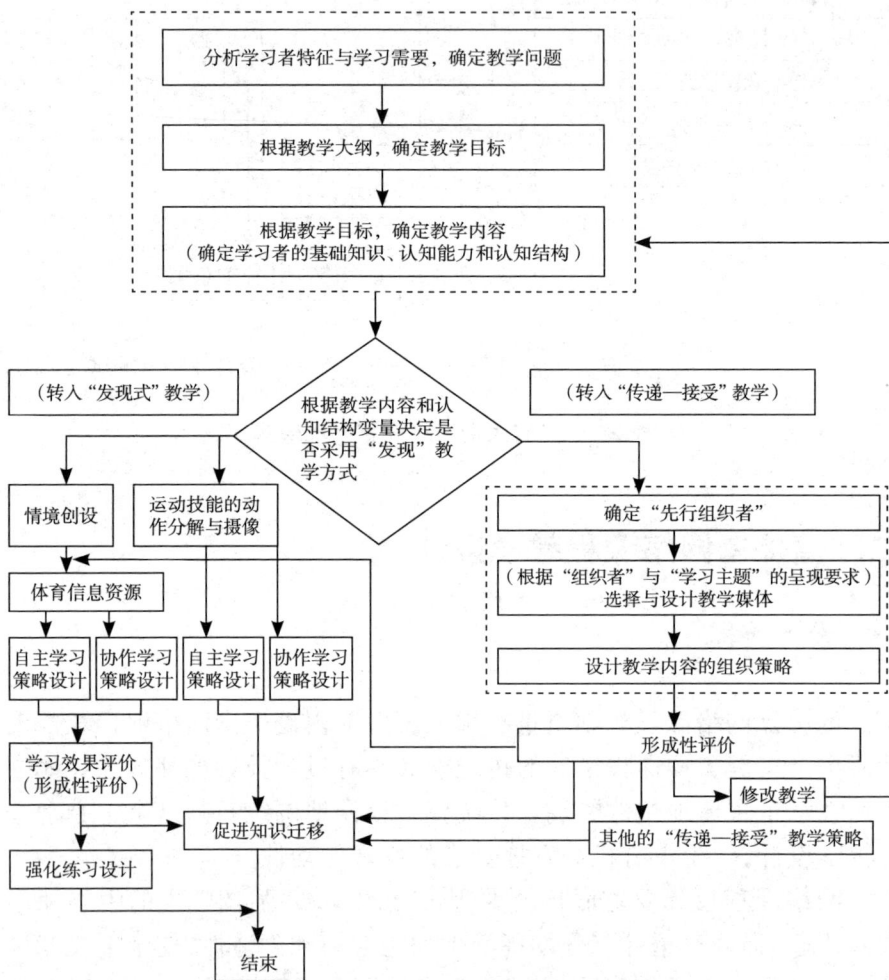

图 2-12　健美操网络课程教学设计流程

(二)内容要素

在信息化时代背景下,应基于信息化教育理念和现代网络课程设计要求来明确健美操网络课程设计的要素与内容。具体来说,健美操网络课程教学设计的内容包括六个方面,如图2-13所示。

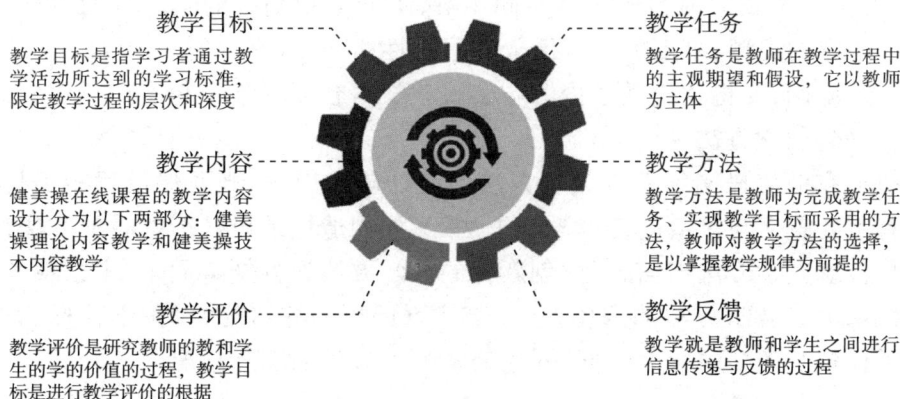

教学目标
教学目标是指学习者通过教学活动所达到的学习标准,限定教学过程的层次和深度

教学任务
教学任务是教师在教学过程中的主观期望和假设,它以教师为主体

教学内容
健美操在线课程的教学内容设计分为以下两部分:健美操理论内容教学和健美操技术内容教学

教学方法
教学方法是教师为完成教学任务、实现教学目标而采用的方法,教师对教学方法的选择,是以掌握教学规律为前提的

教学评价
教学评价是研究教师的教和学生的学的价值的过程,教学目标是进行教学评价的根据

教学反馈
教学就是教师和学生之间进行信息传递与反馈的过程

图2-13 健美操网络课程教学设计的内容

1. 教学目标

健美操网络课程教学设计中,要明确以下五个教学目标。

第一,培养学生的健康体质与良好心理素质。

第二,提高学生的学习兴趣,调动学生参与健美操运动员的主动与能动性。

第三,使学生对健美操知识与技术予以全面了解,使学生将健美操动作技能熟练掌握。

第四,使学生掌握适合自己的学习与练习方法,并能对自己的学习过程与结果进行自评。

第五,使学生在健美操运动中展现出良好的体育道德和体育精神。

2. 教学任务

健美操网络课程教学任务包括以下五项。

第一,对健美操理论知识进行传授。

第二,对健美操基本动作与套路、技巧进行传授。

第三,提高学生的体育素质与艺术素质。

第四,提高学生的适应能力。

第五,提高学生的自信心与表现力。

3. 教学内容

在健美操网络课程教学内容的设计中,要注意以下几个要点。

第一,充分展现健美操运动的特点和互联网在线课程的特点。

第二,设置便于学生在各种合适的场地自由练习的教学内容。

第三,教学内容要满足不同年龄、不同运动基础的学习者的需要,在内容的类型、难度上要有区分和层次性。

第四,要将理论教学内容与实践教学内容充分结合起来。

4. 教学方法

在健美操网络课程教学方法的设计与选用中,既要保留那些仍具有重要意义与价值的传统教学方法,又要创造性地设计新的教学方法,将传统教学方法与信息化、创新化的教学方法充分结合起来,丰富教学体系。在教学方法的选用上,要与线下课程一样,依然以教学目标、教学任务及教学内容为依据,同时兼顾教学对象的实际情况。

5. 教学评价

健美操网络课程教学评价包括对课程本身的评价以及对学习者的评价。

（1）评价课程

健美操网络课程是针对在线学习者设计的,所以要听取这些用户对课程的评价和建议,在课程结束后,要及时收集反馈信息,了解学习者是如何评价课程的,并广泛征集意见,吸纳合理意见,有针对性地完善课程,满足学习者的需求。

（2）评价学习者

评价学习者学习情况的主要方法是在线监测与考核,所以在健美操网络课程设计中要加入考核板块,最后以图表的形式呈现考核结果。

6. 教学反馈

线下健美操教学中教师与学生之间缺少必要的互动与沟通,而且缺乏教学反馈环节,严重影响了教学效果。依托互联网技术构建网络课程,可以克服这一弊端,为师生交流与教学反馈提供便捷的平台,而且实时互动与反馈大大增加了在线教学的趣味,也有利于教师及时发现教学中的不足和学生的问题,并及时改进与处理,促进网络课程教学质量的提升。

三、健美操网络课程支撑环境的设计

支持健美操网络课程教学的软件工具、教学资源以及在网络平台上实施的教学活动统称为健美操网络课程支撑环境。在健美操网络课程开发设计中,支撑环境的设计是非常重要的环节之一,在网络课程支撑环境设计中应该充分体现网络课程设计的指导思想、理念、原则与要求。完整的健美操网络课程支撑环境包括五个子系统,分别是课程管理、作业、习题管理、远程考试管理、讨论答疑以及功能设计子系统,围绕这五个功能系统设计健美操网络课程支撑环境的模式如图 2-14 所示。

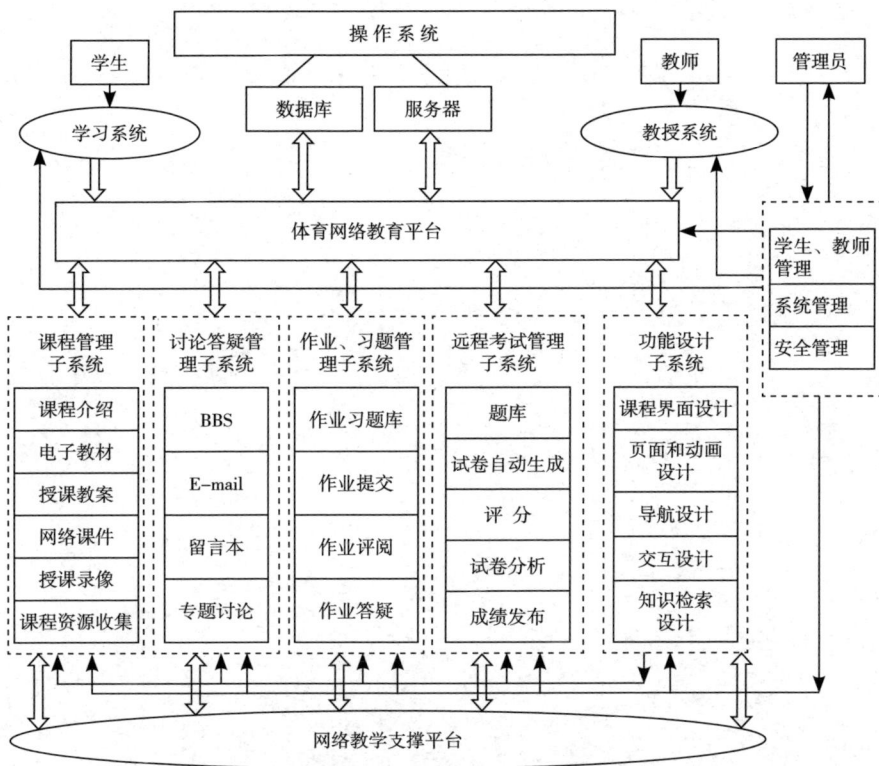

图 2-14 健美操网络课程支撑环境的模式

第三章

现代教育理念下健美操
教学理论与操作程序

　　在现代教育理念下，健美操教学的发展呈现与以往不同的态势，整个健美操教学理论体系会不断地完善和丰富，这才符合现代教育发展的要求。健美操教学理论体系的内容是非常丰富的，学习与了解健美操教学理论与方法，掌握健美操教学组织与程序是提高健美操教学质量的关键。本章重点研究健美操教学理论与操作程序等方面的内容。

第一节　健美操教学的特点与规律

　　健美操教学要充分遵循现代教育的基本理念,这样更容易实现教学的任务与目标。需要注意的是,在教学过程中,要严格遵循健美操的特点与规律组织与开展教学活动,这样才能提高健美操教学的质量,实现健美操教学的目标。

一、健美操教学的特点

(一)寓教于乐,陶冶情操,时代气息浓厚

　　与其他项目相比,健美操运动的观赏性非常强,这不仅表现在运动者技术动作的展示上,运动者身体的柔美飘逸性也充分展示出来,使得这一项运动独具魅力。健美操运动可谓充分体现了人体艺术与体育美学的融合,通过一段时期的发展,健美操运动风靡全球,受到世界各国人民的欢迎和喜爱。

　　健美操离不开音乐,在音乐的伴奏下人们做出各种动作,这一过程本身就是一种美的享受,不仅运动者能够享受到美的愉悦,观赏者也能欣赏到美的元素。伴随着我国全民健身运动的广泛开展,人们对健身的需求越来越强烈,健美操作为一种时尚的具有良好健身价值的运动项目,更加受到广大健身爱好者的青睐。如今健美操的内容和形式也日益丰富,而健美操教学活动也获得了与时俱进的发展,具有浓厚的时代气息。

(二)音乐是健美操的灵魂

　　在健美操教学中,各种技术动作的习练都需要音乐的辅助,可以说音乐就是健美操的灵魂。只有在优美的音乐旋律中才能展现出运动者的人体美、动作美、精神美,给人以愉悦的感官刺激和心理享受。正因

如此,健美操成为一种独具审美特征的艺术形式,受到广大健身爱好者的欢迎和喜爱。可以说,音乐是健美操的重要组成部分,没有了音乐就等于缺少了灵魂,因此,整个健美操教学过程中都要伴随着音乐进行,这样才能保证健美操教学的质量和效果。

(三)重视直观教学

健美操中的动作非常丰富,不仅有简单的动作,而且有不少复杂的动作,各种组合动作之间的连接与变化非常之多,令人眼花缭乱。正是基于健美操动作这样的特点,在具体的健美操教学中,要非常重视直观的演示,也就是采用直观教学的方法。体育教师要为学生示范正确的技术动作,然后学生模仿练习,教师在示范动作的过程中还要运用简练的语言描述动作要领,帮助学生产生相对完整和清晰的直观印象。经过多次反复的练习,学生能掌握、巩固和提高健美操动作。由此可见,重视直观教学也是健美操教学的一个重要特点。

(四)动作组合教学法的运用广泛

伴随着健美操运动的不断发展,关于健美操的研究也日益深入,在我国健美操发展的过程中,也与国外其他国家展开了一定的交流与合作。为促进我国健美操教学质量的提高,在原有单个动作的教学方法的基础上创造了金字塔法、线性渐进法、连接法、层层变化法等组合动作的教学方法。动作组合教学法是在音乐的伴奏下,教师不断地重复单个动作,学生逐一进行学习与操练,然后将这些单个动作组合起来进行学习的一种形式。通过这一方法,学生能系统地学习与掌握健美操动作。

大量的实践表明,动作组合教学法不仅有利于学生连贯地完成组合动作,又有利于学生更好地巩固单个动作,能很好地提高健美操教学的效率,学生的学习水平也得到了大大的提高。在当今教育背景下,健美操教学中的准备活动、新传授动作等都采用这一教学方法。由此可见,动作组合教学法的广泛运用也成为健美操教学的一大特点。

（五）强调动作表现力，突出激情

运动者在参加健美操运动的过程中，会呈现丰富的面部表情和各种优美的身体动作，健身者就是以此来表达自身的情感的，这就是我们通常所说的健美操表现力。健美操各种动作的力度、幅度和节奏等能体现运动者的表现力，其对音乐的表达、内心情感的表达等也体现一定的表现力。因此，健美操教学也十分强调学生的动作表现力，强调学生要通过高水平的动作表现力展现自身良好的精神风貌。所以说，强调动作表现力也是健美操教学的一个重要特点。

二、健美操教学的规律

要想保证健美教学的质量和效果，健美操教学必须要严格遵循体育教学的一般规律，同时，健美操教学自身也具有独特的规律，这两方面都要做好。

一般来说，健美操动作的形成规律主要分为三个阶段，即初步掌握阶段、改进提高阶段和巩固运用阶段。每个阶段的教学任务和教学特点都是不同的，因此一定要把握每一个阶段的规律，采用合适的教学手段与方法教学。

（一）初步掌握阶段的教学规律

初步掌握阶段是健美操教学的第一个阶段，这一阶段的主要任务是帮助学生建立和形成正确的动作表象，掌握一定的健美操动作方法，避免出现大的错误动作。这一阶段是健美操教学的初级阶段，可以采用集体练习的方法进行教学，教学方法主要有示范教学法、完整与分解教学法、口令与动作法、错误纠正法、助力法等。通过这些方法的运用，学生能初步建立健美操动作的基本概念，掌握健美操动作节奏的基本方法，从而为下一阶段的学习奠定良好的基础。

（二）改进提高阶段的教学规律

在初步掌握阶段后，学生基本形成了健美操动作的概念，掌握了健美操动作的基本方法。在此之后就步入了改进提高阶段。这一阶段的主要任务进一步复习前一阶段所学习的动作,进一步掌握动作的细节,发现错误并加以纠正,进一步提高动作的规范性和准确性、协调性。在这一教学阶段,通常采用以下教学方法。

（1）重点讲解与示范、正确与错误对比法、完整与分解结合法等都是较为常用的符合本阶段教学规律与特点的方法。

（2）在这一教学阶段,口令与音乐伴奏相结合法也较为常用,并且也是一种极为有效的教学方法。体育教师在教学中重点强调动作的用力时机、方向、幅度、力度等,教师做示范,学生模仿练习,深刻体会技术动作要领。

（3）在这一阶段,体育教师要指导学生做好评价方面的工作,重视自我评价和相互评价。例如,照镜子做练习同时自我检查、互相观察对方所做动作并进行评价；这样能够帮助学生有效地防止或纠正错误动作,帮助学生准确、连贯地完成各种技术动作,提高动作完成的质量和水平。

（三）巩固运用阶段的教学规律

改进提高阶段之后就是巩固运用阶段,这一阶段的主要任务是不断强化与提高已学习和掌握的运动技能,提高动作完成的准确性和表现力,使运动者能够轻松、优美地完成既定的动作。

在巩固运用阶段,运动者大都掌握了基本的健美操动作,这一阶段适合采用组合动作方法练习,并且要相应地加大运动量或提高运动强度,不断发展运动者的体能素质,使其达到最佳的运动水平。在这一阶段,运动者还要在教师或者教练员的指导下,进一步理解健美操的动作原理、动作变化规律等,进一步提高运动者的健美操综合素质。

总之,大量的研究与实践表明,在健美操动作技能提高的各个阶段,要根据健美操项目的特点、运动者的身体条件等合理地选择教学方法。需要注意的是,并不存在一种万能的教学方法,只有将多种教学方法结合起来使用,才能取得理想的教学效果。

第二节　健美操教学的任务与原则

一、健美操教学的任务

(一)向学生传授健美操运动知识

健美操教学的过程就是教师向学生传授健美操知识和运动技术的过程,这一过程具有明显的计划性和目的性。作为体育教师,要具备丰富的健美操知识和较高的运动技能水平,将自己的健美操经验系统地传授给学生,要采取各种手段与措施使学生对健美操的认识由感性向理性升华,帮助学生灵活自如地运用健美操技术。

(二)促进学生身体健康发展

健美操教学的一个非常重要的目的就是促进学生的身体健康发展。身体健康并不仅仅指没有疾病,同时还包括学生各项体能素质,如力量素质、速度素质、耐力素质等基本素质的提高,也包括学生身体各项器官功能的增强等,如神经系统发展、心血管系统功能改善等,总之就是全方位地促进学生的身体健康。

(三)帮助学生掌握健美操动作技能

学生对健美操运动技能的学习与掌握,并不是一件容易的事情,需要经过一段时间的学习与训练才行。学生掌握健美操技能的顺序为学习与理解健美操知识—掌握健美操基本动作技巧—展现健美操艺术表现力,其中第二个阶段尤为重要。通过这几个阶段的学习,学生才能掌握基本的健美操运动技能。因此,体育教师一定要充分认识到健美操动作技能教学的重要性,在健美操课程教学之中,组织学生进行大量的动作技能练习,不断强化学生的健美操技能,帮助学生逐步实现动作技能的自动化,同时还要注意学生健美操表现力的培养。

(四)提高学生的社会适应能力

在当今社会背景下,要想更好地适应现代社会的高速发展,就需要具备较强的社会适应能力。学校作为一个人成长中的重要场所,学校教育承担着培养人们社会适应能力的重要任务。而在学校体育教育中,健美操课程对于学生社会适应力的培养具有重要的作用。因此,提高学生的社会适应力也是健美操教学的一个重要任务。为了更好地完成健美操教学任务,体育教师除了要采取合适的教学手段与方法外,还要努力营造一个浓厚、和谐的教学环境,并加强教师与学生、学生与学生之间的互动,在互动与交流中有效培养和提高学生的社会适应能力。

二、健美操教学的原则

要想掌握和提高健美操运动技能并不是一件容易的事情,需要经过长期的反复不断的练习才能实现既定的目标。在长期的反复练习中,只有严格遵循健美操教学的基本原则,才能保证健美操练习的效果,早日实现健美操教学的目标。具体而言,健美操教学应遵循以下基本原则。

(一)整体性原则

健美操不仅包含多种项目,同时技术动作也是非常丰富的,不同的健美操项目在技术动作上存在着一定的差别,它们之间相互独立又有着密切的联系,正因如此才构成了一个完整的健美操立体化体系。在这一体系之中,各技术动作之间存在纵向与横向的双重联系。因此,在具体的教学过程中,体育教师和学生一定要把握这一联系,强调教学的整体性,这样才能取得理想的教学效果。

(二)全面发展原则

健美操动作内容是非常丰富的,不同的动作对学生身体素质有着不同的要求,不同动作能促进学生不同身体素质的发展。鉴于此,在健美操教学中,体育教师要遵循全面发展的原则组织与开展健美操教学活动。要合理地安排教学内容,选择适当的教学方法,帮助每一名学生都能促进自身身体素质的发展并掌握健美操运动技能。

遵循全面发展的基本原则,体育教师需要注意以下几点。

（1）要依据学生的运动基础和学习水平合理地搭配教材,帮助学生全面系统地掌握健美操技术。

（2）健美操教学既要全面又要突出重点,这一点在教学中一定要引起重视。

（3）健美操教学考核项目与内容的安排要充分考虑学生身体的全面发展,重视学生各方面素质的考核。

（三）安全性原则

在健美操教学中,存在着一些难度较高的动作,这些动作对学生的身体素质与学习能力都有较高的要求。如果学生的身体素质较差,或者掌握的技术动作不规范都有可能造成一定的运动损伤,如挫伤、扭伤等。因此,在健美操教学中,体育教师还要把握安全性的基本原则,树立"以人为本"的理念,确保健美操教学活动的安全顺利进行。

体育教师在健美操教学中遵循安全性原则需要注意以下几点。

（1）要引导学生提高自身的安全意识,提高自我保护能力。

（2）制定必要的课堂纪律,防止学生因运动不当而发生运动损伤。

（3）合理地安排并调整运动负荷。

（4）教学中多安排一些体能素质的练习。

（5）保证教学场地、运动器械等的安全。

（四）审美性原则

健美操运动本身就蕴含着美的元素,运动者在参加健美操运动的过程中会呈现姿态美、音乐美、节奏美、表情美、协调美等,由此可见,健美操有着极高的审美价值。因此,健美操教学还要遵循审美性的基本原则,在健美操教学活动中培养和提高学生的审美意识与能力。体育教师要引导和帮助学生形成优美的运动姿态、和谐的运动节奏,充分展现形体美、节奏美和音乐美。在这样的情况下,学生能有效地提高自己的审美能力。

(五)教师主导性原则

在健美操教学中,师生都是教学活动的重要主体,缺少了任何一方面,体育教学活动就难以进行。而在健美操教学活动中,教师则占据着主导地位,规范着学生的学习行为,指导着教学活动。这就是教师主导性原则。坚持教师主导性原则需要注意以下几个方面的要求。

(1)体育教师要采用示范、讲解等各种方法帮助学生学习与掌握健美操的基本知识与技能,帮助学生深刻理解健美操运动的内涵与价值,激发学生学习的兴趣。

(2)体育教师要具备高尚的职业道德精神,耐心细致地指导学生进行健美操的学习,以积极的心态感染学生。

(3)体育教师要努力提升自身的综合素质,引导学生体会健美操的动作美、音乐美、姿态美、情感美等美的享受。

(4)体育教师要学会自己制定健美操教案或教学计划,认真钻研健美操教材,结合学生的实际情况选择合适的教学内容与方法,努力提高健美操教学效果。

(5)体育教师要善于分析学生的优缺点,依据学生的实际情况开展教学活动,鼓励学生勇于练习、克服困难,提高学生学习健美操的自信心。

(六)学生主体性原则

在健美操教学中,学生也是师生双边活动中的重要主体。在当今"以人为本"的教育理念下,学生的主体地位更加明显,受到各方面的重视。因此,在健美操教学中,要充分贯彻学生主体性的教学原则,采取各种手段和措施激发学生学习健美操的兴趣,提高学生的健美操运动水平。

要想提高健美操运动水平,学习必须要建立积极学习的行为,要抱有强烈的求知欲和学习欲望。在具体的健美操教学中,体育教师要创造一切条件为学生营造一个良好的学习氛围,促使学生以积极饱满的情绪参与到健美操学习之中。

在具体的健美操教学活动中,体育教师可以充分利用情境教学模式为学生学习健美操创造真实的情境,这样能有效调动学生学习的热情与积极性,体会到健美操这项运动的乐趣,在这样的情境下,学生能更加自觉、主动地参与健美操学习。

(七)直观与思维相结合原则

直观与思维相结合也是健美操教学的一个重要原则。在这一原则之下,体育教师要鼓励学生学会利用自身的各种感官直接或间接地获得动作经验和动作形象,然后运用思维对各种现象进行分析,从而强化自身的意识,建立正确的动作概念,这对于健美操动作的学习与掌握具有重要的帮助。

在具体的教学活动中,贯彻直观与思维相结合原则需要注意以下几个方面。

(1)体育教师在讲解示范时,语言要简洁明了,动作要标准规范,促使学生建立和形成正确的动作表象。同时,教师还要指导学生明确动作的重点与难点,指导学生反复进行练习。

(2)在教学过程中,体育教师还要善于利用生动形象的语言启发学生的思维,各种技术动作要领的讲解一定要通俗易懂、生动形象,能引发学生积极的思考。

(3)助力与阻力教学是健美操教学的一种重要方法,通过这一方法的运用,能有效地活跃学生的思维,帮助学生正确地完成健美操技术动作。

(八)素质先导性原则

健美操运动虽然对参与者的身体素质有着一定的要求,需要参与者必须具备一定的力量、柔韧性、协调性等基本素质,当然通过参加健美操运动,这一个方面的素质同样也能获得有效的提升。健美操运动中存在着一些超常规的身体姿势或动作,完成这些动作需要参与者必须具备良好的身体柔韧性要求,如果缺乏柔韧性就难以完成这些健美操动作,甚至有可能会发生运动损伤。因此素质先导性原则是健美操教学的一个重要原则。

在贯彻素质先导性原则时,体育教师要严格遵循学生体能发展的规律安排身体素质的练习,努力提高健美操专项基础能力,促进学生健美操运动水平的提升。

第三节　健美操教学的组织与实施程序设计

一、做好课前准备

(一)课程设计

健美操课程的设计是一项比较复杂的工作,体育教师在设计课程时首先要充分调查与了解学生的基本情况、爱好与特长、运动基础等,然后以此为依据选择健美操课程的类型、安排活动练习强度等。健美操课程的设计,一般情况下,体育教师要根据以下三种不同情况进行设计。

(1)对于初学者而言,健美操教学内容的安排要以基本动作为主,多安排一些对身体素质要求不高,难度较小的基本动作。

(2)在学生具备了一定的运动基础后,可以安排一些组合动作、套路动作等练习内容,逐步提升学生练习健美操的水平。

(3)在学生健美操技术水平得到一定程度的提高后,就可以多安排一些复杂的富于变化的健美操动作,逐步提高运动的强度。

(二)选择音乐

确定好健美操课程的类型后,就要进行音乐的选择。传统健美操一般选择迪斯科。同一种风格的音乐也会有不同的表现手法,表现手法的不同对动作设计有决定性作用,因此体育教师要根据自己对健美操音乐的准确把握来筛选音乐,所选的音乐要有利于学生的动作表现。体育教师在选择好音乐后,还要充分发散自己的思维对音乐进行整理,进行合理的编排,以符合健美操教学内容,从而实现理想的教学效果。

（三）设计与编排动作

1.健美操动作编排的指导思想

（1）要保证学生的身体素质得到发展。

（2）设计的动作要具备一定的安全性。

（3）编排的动作要有利于学生的全面发展。

（4）编排的动作要富有趣味性、艺术性和娱乐性。

2.遵循健美操动作编排的技术性原则

（1）健美操成套动作结构要完整。

（2）编排的技术动作要具有鲜明的针对性。

（3）要依据学生的具体情况合理地安排运动负荷。

（4）编排的动作要保证流畅性。

（5）编排的动作风格要与音乐风格保持统一。

3.健美操动作编排的基本要求

体育教师在编排健美操基本动作时，需要注意以下几个方面。

（1）编排的健美操动作要科学和合理，切合学生的实际，有利于学生的身体健康。

（2）编排的健美操动作要优美大方，具备较强的观赏性，能给学生带来愉悦的心理体验。

（3）编排的健美操动作不但要以步伐为基础，也要能很好地培养学生的协调性、灵活性以及节奏感，编排与设计的过程中还要注意动作的位置、节奏和过程。

（4）严格按照学生身体发育规律设计健美操动作，杜绝那些容易给学生带来伤害的技术动作。

二、编写合理的健美操教案

编写教案是体育教师所必须具备的一项基本教学能力。一个良好的健美操教案能为教师上好健美操课提供有效的帮助。健美操教案的编写主要包括教学目标与任务、教学内容安排、教学方法的设计、上课时间的分配等内容。只有编写好合理的教案，才有利于实现良好的教学效果，因此体育教师一定要在平时注意提升自己的健美操教案的创编能力。

三、场地与设施准备

体育教师在上课前要仔细检查教学场地及设施情况,做好必要的准备工作。

（1）检查健美操的场地与设施、设备是否齐全和存在问题,如果发现问题要及时处理。

（2）准备好健美操相关的踏板、哑铃、垫子等器材,以便于顺利地上课。

四、加强与学生的沟通

体育教师在上课的时候还需要与学生加强沟通与交流,增强彼此间的互动。一般情况下,体育教师要详细了解学生的以下情况。

第一,学生的个性特点和兴趣爱好。

第二,学生的健美操运动基础,以便制定合理的教学方案。

第三,学生的伤病史。

通过对以上内容的了解,体育教师能全面地了解学生的具体情况,从而合理地安排课堂教学,提高健美操教学的效果。

五、加强课堂组织

(一)课前交流

体育教师在正式上课前,应与学生进行一定的交流,向学生说明本节课的教学目标、任务与内容等。时间不要太久,控制在 5 分钟左右。

(二)练习队形与示范位置

在上健美操课时,体育教师要根据学生的人数确定队形。安排队形时要确定学生之间的合适的间隔和距离,要留给学生充足的活动空间。这样有利于体育示范和讲解,也有利于学生模仿和学习。

体育教师在进行健美操动作示范时,要注意站位要合适,要确保每一名学生都能看到,从而保证学生学习的效果。

(三)教学形式

健美操教学通常采用集体的形式,这一形式又分为集体同时练习和集体分组练习两种。

1. 集体同时练习

集体同时练习就是所有的学生在体育教师的带领下集体练习同一种动作。这一形式的优点在于便于体育教师指挥和管理;缺点在于形式单一、枯燥乏味,容易打击学生学习健美操的积极性。

2. 集体分组练习

集体分组练习是指参考一定的标准把学生分成若干小组,各小组进行不同动作练习。这一教学形式有利于学生的互动与交流,有利于增强学习的乐趣。但需要注意的是,这一分组练习形式需要体育教师具备出色的教学组织与管理能力,只有这样才能保证健美操教学活动有序进行。

总之,以上两种形式在健美操教学中都较为常用,集体同时练习主要用于健美操课的热身部分和整理部分,集体分组练习主要用于健美操动作的练习阶段。二者结合通常能取得不错的教学效果。

(四)观察与调整

在健美操教学课中,体育教师除了按照事先制定好的教案进行教学外,还要时刻观察学生在上课时的表现,根据学生的具体实际情况及时地调整教学方案,要及时调整动作的难度和教学方法等,这样才有利于提高健美操教学的效果。由于每一名学生的学习情况都是不同的,体育教师要一视同仁地对待所有学生,同时对于那些有特殊情况的学生,教师要给予必要的指导和帮助,以促进所有学生获得共同发展。

(五)激励

在具体的健美操教学活动中,体育教师还要采取各种手段与措施激励学生学习健美操,因为这样能极大地提升学生的自信心,不断提高健美操动作技能水平。

六、课后交流与总结

(一)交流与反馈

在健美操课中,体育教师要与学生进行必要的沟通与交流,了解每一名学生的真实想法,听取学生的学习反馈和建议,这样才能更好地组织与管理教学活动,保证健美操教学的质量和效果。

(二)总结与改进

在上完健美操课后,体育教师要对本次课的教学情况进行必要的总结,对自己的优点予以肯定,正视自己的不足与问题,然后在下次课中进行有针对性的改进,如此才能取得理想的教学效果。

第四节　健美操教学的创编设计

一、健美操创编的原则

(一)全面性原则

健美操属于一种促进身体全面健康的运动,因此健身的全面性是健美操创编的一个重要原则。遵循全面性的原则健美操创编需要注意以下几个方面。

（1）健美操动作的创编要能使运动者身体各个方面都能得到锻炼,能促进运动者身体各项素质的发展。

（2）健美操各部位的动作要保证动作类型的全面性。

（3）创编的动作还要遵循人体生理解剖特点,保证运动安全。

(二)针对性原则

针对性原则是指创编者依据运动者的各种情况合理地进行创编。

创编者根据这一原则在进行健美操创编的过程中需要注意以下几点要求。

（1）充分考虑时间、场地、器材等因素。

（2）健美操的动作形式、难易程度、动作结构、音乐风格等都要符合运动者的特点与能力。

（3）创编之前要充分了解运动者的具体情况，这样才能创编出具有针对性的健美操动作。

（三）适应性原则

适应性原则是指健美操的创编要与健美操的特点、运动者的特点、具体实际等相适应。在创编的过程中需要注意以下几点要求。

（1）创编者要不断提高自身的素质，熟悉健美操的基本规则。

（2）创编者要熟练掌握健美操规则所规定的裁判评分的依据。

（3）创编的健美操动作内容、音乐风格等都要符合健美操的规则。

（四）艺术性原则

健身健美操的艺术性主要体现在动作的艺术性、音乐的艺术性和意境的艺术性三个方面。在具体的创编过程中，创编者要遵循这三个方面的艺术性原则。

1. 动作的艺术性

（1）单个动作创编，要突出健美、大方的特点，可以吸收一些现代舞、民族舞的动作，提升动作的艺术性。

（2）成套动作创编，要讲究多样化，要注意动作的上下起伏、快慢交替等变化，要保证能激发观赏者良好的情绪体验。

（3）过渡动作创编要留有一定的余地，对于集体健美操要确定好的队形，变化时间要充足。

2. 音乐的艺术性

（1）音乐的选择要符合动作的风格与特点。

（2）健美操音乐要富有较强的艺术感染力，能激发观赏者的良好的情感与情绪。

3. 意境的艺术性

（1）健美操动作、音乐、空间与时间的安排要能表达出一定的意境。

（2）根据健美操特点不断变化动作、音乐、空间、时间等内容，为观赏者带来愉悦的心理体验。

（五）安全性原则

创编的各项健美操动作要保证安全，尽可能地降低运动损伤发生的概率，这就是健美操创编的安全性原则。在健美操创编的过程中，安全的健美操动作创编应注意以下几点。

（1）头颈动作：避免设计那些高难度的头部触地动作。

（2）上肢动作：体现灵活性与全面性。

（3）下肢动作：动作幅度要与运动者的实际水平相符合。

（4）躯干动作：注意动作变化，避免过分负重的动作。

（5）动作习练中，时刻观察教学对象的行为和表现，避免发生运动损伤。

（6）各种动作的创编要注意将有效性与安全性相结合，以安全性为根本。

（六）创新性原则

健美操创编还需要遵循创新性的基本原则，遵循这一原则需要注意以下几点。

（1）动作创新。一个创新的动作能为裁判留下深刻的影响，同时也能吸引观赏者，因此动作的创新是非常重要的。

（2）过渡创新。过渡创新主要体现在健美操动作与动作之间，应重视合理衔接，各种技术动作要符合健美操动作技术规律和特点。

（3）音乐创新。音乐创新主要是指音乐的编排要富于变化，能充分吸收和借鉴其他风格和类型的音乐。

（4）健美操的创新还要注意健美操动作的特点要与音乐风格匹配。

二、健美操创编的方法

(一)移植法

移植法是将某一项目的技术动作移植到另一个项目中去,并通过一定的改造而获得新技术动作的方法。健美操中的一些动作充分吸纳了迪斯科、爵士舞中许多髋部动作,与这些项目之间存在着密切的联系。除此之外,健美操成套动作中也有很多动作是从技巧、舞蹈等项目中引进来的,这就是移植法在健美操中的应用。为了更好地利用这一方法进行健美操的创编,创编者必须要不断地丰富自身的健美操知识结构体系,要充分了解与健美操有关的运动项目的知识,将那些有利于健美操发展的动作移植到健美操之中,从而丰富与完善健美操动作内容。

(二)递进法

递进法主要是指在原有动作基础上增加另一种动作的方法,其目的在于提高动作的难度,递进法常用于健美操的单个动作编排。需要注意的是,利用递进法进行动作的创编时,要保证每组动作之间的连接要合理顺畅,只有这样创编出的动作才是合理的。

(三)分解法

分解法是指对全套健美操动作(主要分为准备部分、基本部分、结束部分)各部分进行创编的方法。在进行创编的过程中,各部分的分解如下所述。

(1)准备部分的分解创编:主要以拉伸动作为主,便于运动者做好必要的动作准备,避免运动损伤。

(2)基本部分的分解创编:这一部分要始终保持跳的弹性,在这一过程中整套动作会逐渐达到高潮,这一部分也是整套健美操动作的核心内容。

(3)结束部分的分解创编:动作的过渡要自然流畅。

分解法是健美操动作创编常用的方法,非常适用于健美操初学者的教学。

(四)整体法

整体法是指对全套健美操动作进行构思的方法,这一方法属于一种形象的思维活动。主要对健美操的风格、时长、强度、音乐的选择、动作的基本内容等进行总体的设想,通过以上内容的设想,基本形成了健美操全套动作的基调。

以中老年健美操的创编为例。利用整体法进行创编时的程序与内容如下:基于老年人的身体发展特点,整套健美操动作要避免强烈的跳跃和摆动,应选择幅度较小、多次重复的动作;运动强度不宜过大,可适当根据实际情况降低强度;在选择音乐时,尽量选择节奏舒缓的音乐,不宜选择重金属音乐等。

(五)联想法

联想法就是利用感知的和已知的信息进行再创造的方法。它是指创编人员根据输入的信息,在大脑的记忆库中搜寻与之相关的信息或者利用大脑记忆库中的一些信息形成与之相关信息的过程。

在健美操创编过程中,从社交舞的配合动作,联想运用到健美操的双人配合动作,就体现了联想法的运用。这种方法反映了创编人员对动作技术技巧的广泛吸纳。在具体的实际操作中,舞蹈、体操、芭蕾、武术等都可作为健美操的动作素材,通过由此及彼的思维方式,对不同技术动作之间进行联系与想象,从而实现创新的目的。利用这一创编方法创编出的健美操动作通常能吸引人的眼球,具有较强的冲击力。

(六)环境灵感法

环境灵感法是指把在特定的环境中产生的灵感运用于健美操创编的一种方法。当人们处在一个特殊的环境中,通过观察周围人的身体行为动作,就会产生相应的灵感和反应。例如,在欢庆的活动中,可以看到周围的人欢呼雀跃的反应,相应的在健美操中我们就可以编排一些类似的跳跃动作,这就是环境灵感应用于健身性健美操的实践当中。

环境灵感法具有灵活实用的基本特征,但需要注意的是,利用这一方法创编出来的动作要经过必要的再加工和改造后才能投入使用,同时还要符合健美操自身的特点和原则,要保证创编的科学性和合理性。

三、健美操创编程序

(一)创编准备

（1）要确定好健美操创编的目标、任务与要求等。
（2）充分了解教学对象的具体情况。
（3）详细了解健美操的场地、设备等具体实际情况。
（4）查找健美操的各种资料,为创编做好充分的资料准备。

(二)总体设计

依据健美操课程及学生的具体实际,确定良好的健美操创编方案,然后依据这些准备活动合理开展创编工作。

一个合理的健美操创编方案应包括以下内容：
（1）健美操的类别,健美操方案主要是用于健身、表演还是竞赛；
（2）确定健美操的风格；
（3）确定健美操的音乐节奏；
（4）确定健美操的难度、长度和速度。

(三)选择素材

选择素材是健美操创编的一个重要环节,这一环节的工作需要创编者平时长期的积累。健美操素材选择中应注意动作的全面性,合理地确定动作结构,对各种动作进行创编和组合,同时要注重动作的创新,提高动作创编的质量。

（四）动作编排与记写

1. 动作的编排

（1）明确动作的风格特征

健美操是由有氧健身操发展而来的,动作的编排要注意风格的确定,基本步伐以踏步、开合跳、吸腿跳、弓步跳等为基础,手臂动作则主要包括直线、直角、弹性发力、快速制动等,一定要结合这些动作确定好健美操动作的风格。

（2）确保动作的实效性

一般来说,健美操的每一节动作都是独立的,各种动作的编排都要注意其实用性。另外,不同的健美操动作有着不同的锻炼效果,这些动作要充分遵循人体运动的自然规律。

（3）注意动作的对称性

动作的对称性是健美操动作的一个显著特点。通常,一节健美操动作中,前4拍(8拍)的动作如果是左臂、左摆,那么后4拍(8拍)必定是动作相同,因此在健美操动作编排中还要注意动作的对称性。

2. 动作的记写

（1）记写好每节动作的名称、节数及次数。

（2）绘制动作简图。标明开始、路线和结束。

（3）记写动作说明。力求简明扼要、术语正确。

（4）记写注意事项。

（五）音乐选配与制作

1. 音乐的选配

（1）根据动作选择音乐

第一,要根据成套健美操的整体风格,选择与其风格相符合的音乐。

第二,编排完健美操动作后,根据动作选配合适的音乐。

需要注意的是,音乐的选择要能够表达出健美操动作的情绪和意境。

（2）根据音乐选择动作

确定好健美操的音乐后,再进行整套动作的创编,创编者要注意在平时收集音乐素材,以便于创编使用。

第一,创编者要注意在平时提高自己的音乐素养,熟悉音乐的风格、节奏等特点。

第二,优先考虑具有代表性的、风格比较明显的动作。

第三,结合音乐风格创编各种健美操动作。

2. 音乐的确定

一般情况下,健美操音乐的速度,慢速为每 10 秒 16～18 拍,中速为每 10 秒 20～22 拍。创编者在选择音乐时要充分分析音乐的结构、情绪等是否与动作相适合,然后再确定音乐。

3. 音乐的制作

(1)音乐剪接

健美操音乐的剪接主要有以下两种形式。

①对同一首乐曲进行剪接。

②对两首或多首乐曲进行剪接。

(2)音乐记录

创编者必须要具备记录音乐的技能,通常来说,创编者可以采用以下几种方法记录音乐。

①画出音节。

   | | | | |

②明确结构。

当音乐段落发生变化时,应另起一行,以便于清楚地了解音乐的段落结构。

   ①   ②   ③   ④
   | | | | |

   ①   ②
   | | |

   ①   ②   ③   ④
   | | | | |

   ①
   | |

③标识符号。

根据所听到的音乐特色、特点,在相应的空间内作出标记(标记符号可自创,如"嗖"代表风声,"〰"代表颤抖,"↑"表示重音的强调等)。

①　　②　　③　　④
|12345678|12345678|12345678|12345678|
噢　　⌒
①　　②
|12345678|12345678|
＜
①　　②　　③　　④
|12345678|12345678|12345678|12345678|
↑
①
|12345678 |

（3）制作特效

为体现健美操动作的艺术性和创新性，创编者还要注意添加一些音乐特效。

制作音乐特效的方式有很多，最常见的是在电脑中编辑生成带有特殊效果的乐曲，制作过程如下所述。

①确定健美操乐曲的基本类型。

②确定成套健美操动作的节数。

③确定每节健美操动作的节拍数拍。

④确定预备拍数。

⑤根据健美操动作特点，确定需要添加什么音乐特效。

⑥自己制作，或请专家谱写。

⑦调整音乐。

（六）队形设计

设计队形也是健美操创编的重要程序，健美操队形的设计主要有以下两种形式。

1. 直接转换

直接转换是指通过队员的协同移动，从一个队形直接转换成另一个队形。

例如，6 名队员横向站立，分成各 3 人的两组，异向移动，变成两个横排呈斜方式（图3-1）；6 名队员两三角站立，各自向箭头方向移动若干步,变成"T"形(图 3-2)。

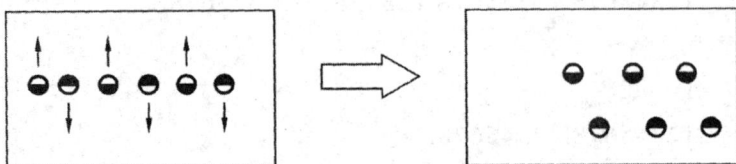

图 3-1　直接转换 1

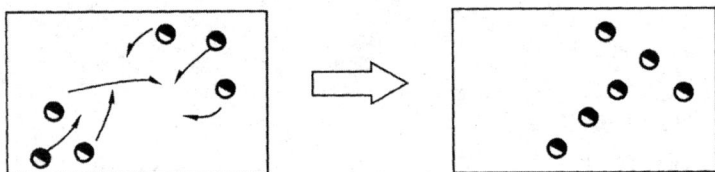

图 3-2　直接转换 2

2. 依次转换

依次转换是指通过队员依次完成特定动作,实现由一个队形向另一个队形转换。

例如,6 名队员成圆形站立,顺时针移动,依次站成直线队形(图 3-3);6 名队员成两斜排站位,两名队员沿箭头方向移动,完成 4—2 队形站位(图 3-4)。

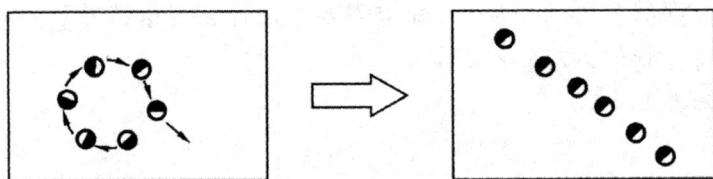

图 3-3　依次转换 1

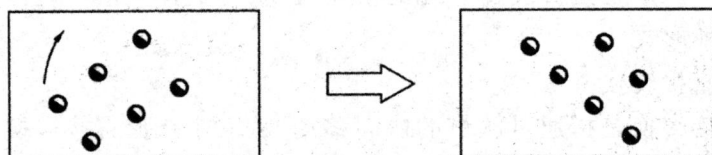

图 3-4　依次转换 2

3. 逐渐转换

逐渐变换是指由 1 名或多名队员同时或依次移动,实现由一个或几个过渡队形向另一队形转换。

例如,6 名队员八字站立,各自向箭头方向移动,经过 2—2—1—1 队形向 4—1—1 队形过渡,再经 4 人密集—2 队形,向扩散的 4—2 成型队形转换(图 3-5)。

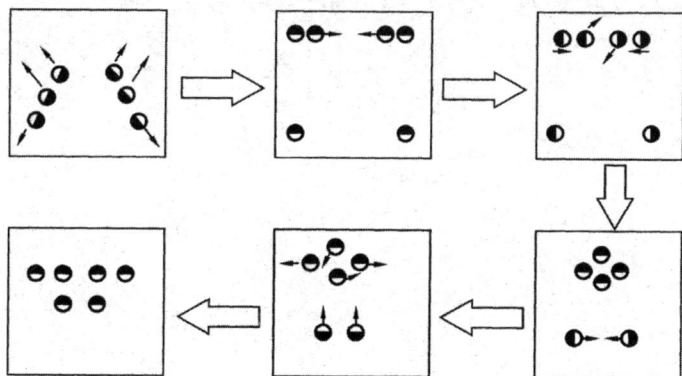

图 3-5　逐渐转换

(七)练习、调整与记录

1. 练习与调整

健美操创编完成后,还需要进行大量的实践检验,在实践的过程中针对不足进行适当的调整。在实践练习的过程需要注意以下几方面。

(1)健美操动作的节奏、长度等是否与音乐保持一致。

(2)健美操动作与音乐的风格是否保持一致。

(3)运动负荷的安排是否合理。

(4)健美操动作结构是否具有一定的艺术性。

2. 记录

健美操创编的过程中,需要创编者做好必要的记录,一般来说,记录的方式主要有以下三种。

(1)文字记录

文字记录这一方式主要是记录健美操的总体结构和框架,如动作做法、位置、方向、路线等内容。

（2）简图记录

简图记录相对文字记录而言更加直观，便于学习和参考。一般来说，简图记录的内容主要包括开始姿势、每拍主要姿势、动作路线和结束姿势等。

（3）录像

录像这一方式相对于以上两种方式而言是最直观的，如果条件允许，这一记录方式要大力采用，通常能取得很好的效果。

第四章

现代教育理念下健美操教学
方法的创新设计与应用

现代健美操教学中,教学方法的科学性及合理性对健美操教学质量具有重要影响。要通过健美操教学增强学生体质,使学生塑造优美形体,提高学生的运动能力及审美能力,实现预期教学目标,那么对教学方法的合理选用及改革创新便是关键突破口。因此,健美操教师应在现代教育理念的指导下高度重视对多元教学方法的科学设计、合理选用以及优化创新,充分发挥多元教学方法的功能价值。本章主要在现代教育理念下研究健美操教学方法的创新设计与应用,首先分析健美操教学中的常见教学方法;其次探讨如何合理选择以及创新健美操教学方法;最后研究创新健美操教学方法的设计与应用。

第一节　常见健美操教学方法

　　健美操教学中经常采用的方法是体育教学的一般方法,体育教学方法丰富多样,有学者按照体育教学方法的功能对其进行了划分,分类结果如图4-1所示。在健美操教学中,健美操教师可以根据特定教学目的而从图中选择相应的教学方法,以培养学生不同方面的能力,但要注意必须将体育教学的一般方法和健美操运动的特点结合起来,适应健美操专项教学的需要。

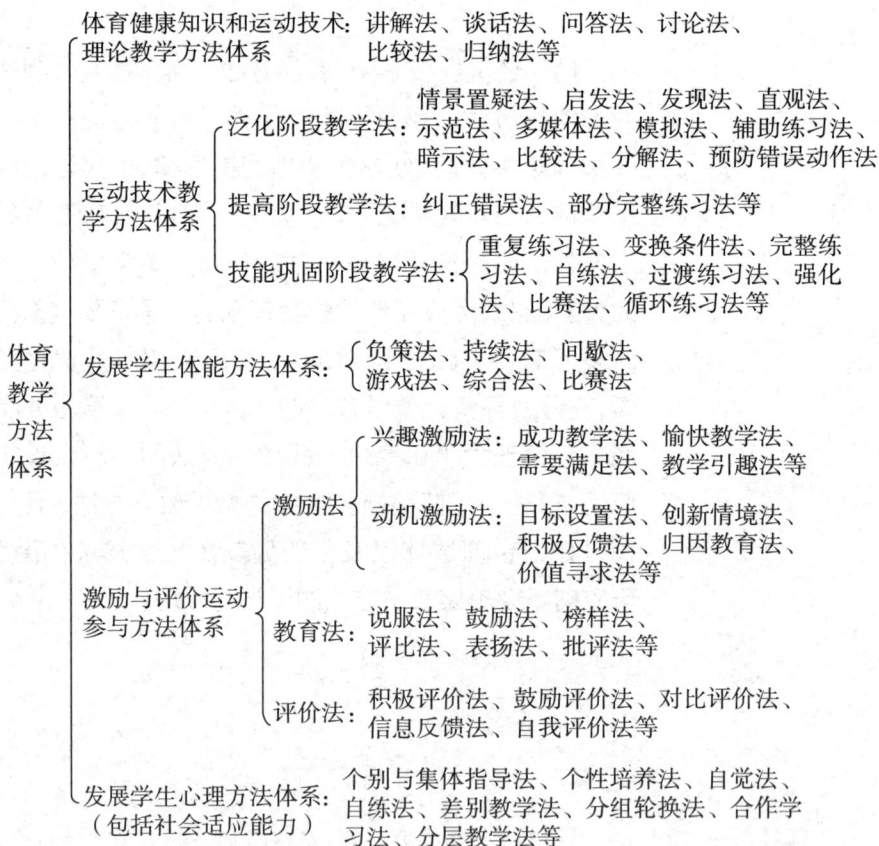

　　体育健康知识和运动技术:讲解法、谈话法、问答法、讨论法、
理论教学方法体系：比较法、归纳法等

运动技术教学方法体系
　泛化阶段教学法:情景置疑法、启发法、发现法、直观法、示范法、多媒体法、模拟法、辅助练习法、暗示法、比较法、分解法、预防错误动作法
　提高阶段教学法:纠正错误法、部分完整练习法等
　技能巩固阶段教学法:重复练习法、变换条件法、完整练习法、自练法、过渡练习法、强化法、比赛法、循环练习法等

发展学生体能方法体系:负策法、持续法、间歇法、游戏法、综合法、比赛法

激励与评价运动参与方法体系
　激励法
　　兴趣激励法:成功教学法、愉快教学法、需要满足法、教学引趣法等
　　动机激励法:目标设置法、创新情境法、积极反馈法、归因教育法、价值寻求法等
　教育法:说服法、鼓励法、榜样法、评比法、表扬法、批评法等
　评价法:积极评价法、鼓励评价法、对比评价法、信息反馈法、自我评价法等

发展学生心理方法体系:个别与集体指导法、个性培养法、自觉法、
（包括社会适应能力）自练法、差别教学法、分组轮换法、合作学习法、分层教学法等

体育教学方法体系

图4-1　按照体育教学方法的功能进行的分类

下面具体分析一般体育教学方法在健美操教学中的应用。

一、讲解法

讲解法就是教师向学生阐述健美操基本知识,说明健美操动作要领、规则、要求等知识,目的在于指导学生学习和掌握健美操知识与运动技能。在新授课中一般采用这一教学方法。健美操教师采用讲解法要做到以下几方面的要求。

(1)讲解过程中要有明确的目的性,保证讲解质量。

(2)语言简洁明了,使学生充分理解讲解的内容。

(3)讲解顺序合理,一般先讲下肢动作,再讲上肢动作,最后再讲躯干、头颈、手眼等方面的配合。

(4)讲解时口齿清晰,层次分明。

(5)讲解过程中以声传情,配合手势、眼神等,将有声语言和无声表情、动作结合起来。

二、示范法

(一)示范类型

1. 完整示范

学生健美操基础较好,且所教健美操动作结构简单时,教师可以给学生完整地示范动作,从动作开始到结束连贯完成动作。

2. 分解示范

学生基础较差,而且所教动作结构比较复杂时,可采用分解动作的方法进行示范,学生掌握各个动作环节后,再进行组合练习。

(二)教学要求

(1)示范动作准确、熟练、舒展和优美。

(2)教师要清楚示范的目的,如果示范后没有达到目的,可重复示范。

(3)教师在示范过程中要详细讲解动作要领和易出错的地方,否则学生很难发现其中的要领和细节。

（4）教师要选择恰当的示范位置、示范面，尽可能让全体学生都清楚地看到示范，示范时要控制好动作速度。

三、提示法

(一)语言提示

健美操教学中，教师要用精简的语言或口令来提示学生要完成什么动作，在什么时间内完成，完成多少次，以什么方法完成，要达到什么要求等。在语言提示过程中，教师需做到如下要求。

（1）提示语言准确无误，声音洪亮清晰。

（2）口令提示与音乐节奏相配合。

(二)非语言提示

在健美操教学中，教师还可以运用肢体语言、面部表情来间接提示学生要完成的动作及需要注意的地方。在非语言提示中，教师需做到如下几点要求。

（1）不管选用何种形式来提示，都要使学生明白自己的用意。

（2）肢体语言规范准确，简单的手势提示如图4-2所示。

（3）提示时机适宜。

（4）通过提示激励学生，使学生感受到自己是被重视的，从而在课堂上积极学习。

（5）非语言提示与语言提示结合使用。

四、纠正错误方法

采用纠正错误方法可以帮助学生掌握正确的健美操动作，纠正错误方法具体有以下几种运用方式。

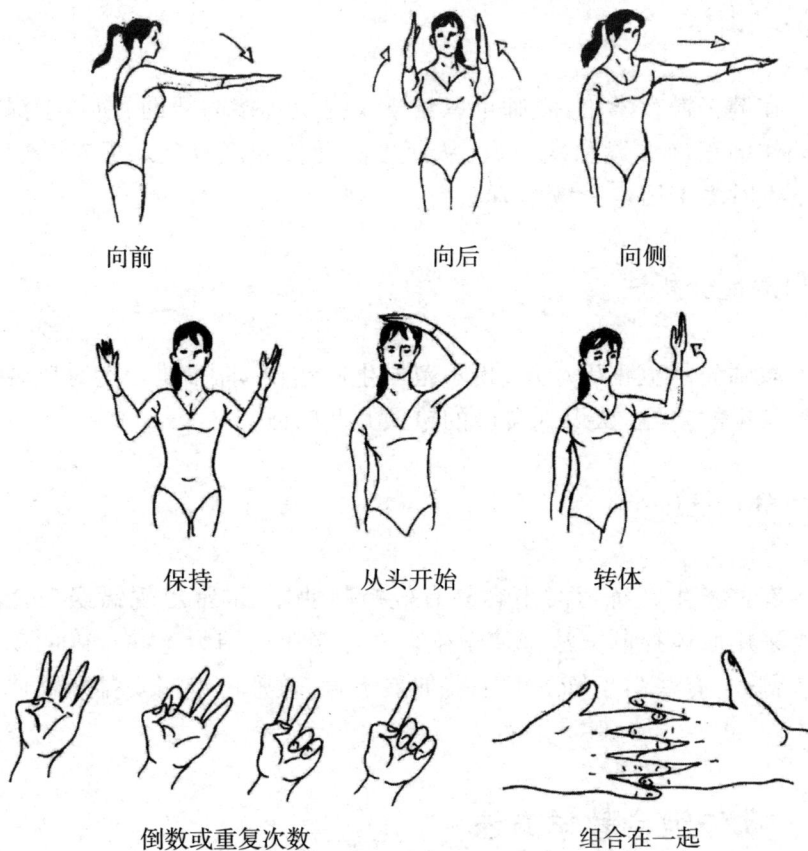

向前	向后	向侧
保持	从头开始	转体

倒数或重复次数　　　　　　　　组合在一起

图 4-2　简单的手势提示

(一)语言提示法

在健美操教学中,学生因为记忆模糊或不清楚动作要领而出现错误动作时,教师可通过语言提示来启发学生完成正确动作。在提示过程中,可提示动作名称或动作要领。

(二)指导法

学生完成健美操练习后,教师评价学生的练习情况,指出错误与不足之处,并指导学生及时改正。

（三）助力法

在健美操教学中,教师可以给学生提供直接的帮助,使学生深入体会动作的正确位置和发力点,从而提高动作的规范性。面对基础较差的学生时多采用这一教学方法。

（四）对比分析法

教师先示范正确动作,再示范学生的错误动作,让学生对比观察并找到其中的差异,认识到自己的错误并及时改正。

（五）静控体验法

有些学生在练习时不容易有效控制动作,常常出现错误,对此,教师需采用肢体控制方法来使学生切实体会肌肉用力感和正确的动作方位。例如,有些学生练习时手臂伸展不直,教师可专门安排两臂伸直的练习。

五、动作组合教学方法

在健美操组合动作教学中,为了提高教学的实效性,使学生连贯掌握健美操组合动作,需采取专门性的教学方法,即动作组合教学方法。下面分析几种简单动作组合的教学方法。

（一）连接法

连接法是指按照一定的顺序将单个健美操动作连接起来,使其成为健美操组合动作的方法。例如,教师先教第一个动作,再教第二个动作,然后连接这两个动作,第三个动作和第四个动作也是如此,最后将4个动作连接起来,形成新的组合动作。

连接法的运用示例见表4-1。

表 4-1　连接法的运用示例

动作 A	4 迈步侧点地
动作 B	2V 字步
动作 A+B	4 迈步点地 +2V 字步
动作 C	2 交叉步
动作 D	4 小马跳
动作 C+D	2 交叉步 +4 小马跳
组合动作 A+B+C+D	4 迈步侧点地 +2V 字步 +2 交叉步 +4 小马跳

（二）线性渐进法

在健美操组合动作或套路动作教学中,教师经常采用线性渐进法进行教学。具体方法就是按顺序排列单个动作,只改变一个因素来实现动作之间的过渡,采用这一方法要注意动作的变化应以容易过渡为准。

线性渐进法的运用示例见表 4-2。

表 4-2　线性渐进法的运用示例

步骤	节拍	动作	下肢动作	方向	上肢动作
1	1×16	A	一字步	面向前	双手叉腰
2	1×16	A	一字步	向 2 位,还原	双手叉腰
3	1×16	A	一字步	向 2 位,还原	手臂胸前屈,双手叉腰
4	1×16	B	并步跳	面向前	双手叉腰
5	1×16	B	并步跳	向 2 位,向 8 位	双手叉腰
6	1×16	B	并步跳	向 2 位,向 8 位	胸前击掌,双手叉腰

(三)递加循环法

递加循环法就是学习新动作后,连接前面的动作进行综合练习,教学示例见表 4-3。

表 4-3 递加循环法教学示例

动作组合	具体动作
动作 A	4 迈步侧点地
动作 B	2V 字步
连接动作 A+B	4 迈步点地 +2 V字步
动作 C	2 交叉步
连接动作 A+B+C	4 迈步侧点地 +2 V字步 +2 交叉步
动作 D	4 小马跳
连接动作 A+B+C+D	4 迈步侧点地 +2 V字步 +2 交叉步 +4 小马跳

(四)金字塔法

金字塔法是指改变单个动作的练习次数,递增或递减次数,用图形表示很像金字塔。金字塔法有正金字塔法(图 4-3)和倒金字塔法(图 4-4),前者指的是逐渐减少单个动作的练习次数,优点是使学生专注于动作技术、身体姿态、练习强度;后者指的是逐渐增加单个动作练习次数,优点是增加组合动作的复杂性和动作连接的节奏感,使学生的注意力集中到动作练习中,提高练习效果。

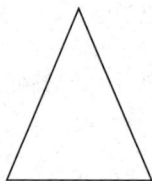

图 4-3　正金字塔法　　　　图 4-4　倒金字塔法

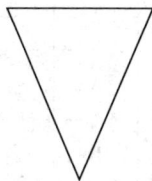

正金字塔法、倒金字塔法的教学示例分别见表 4-4、表 4-5。

表 4-4　正金字塔法教学示例

步骤	正金字塔法
1	1 脚尖侧面 +1 迈步吸腿
2	2 脚尖侧面 +2 迈步吸腿
3	4 脚尖侧面 +4 迈步吸腿
4	8 脚尖侧面 +8 迈步吸腿

表 4-5　倒金字塔法教学示例

步骤	倒金字塔法
1	8 脚尖侧点 +8 迈步吸腿
2	4 脚尖侧点 +4 迈步吸腿
3	2 脚尖侧点 +2 迈步吸腿
4	1 脚尖侧点 +1 迈步吸腿

（五）过渡动作法

过渡动作法就是将一个或一段简单的动作加在复杂动作之前，作为学习复杂动作的一个过渡，这对于掌握复杂动作非常有利。学生掌握复杂动作后，可去掉过渡动作再进行完整练习。

过渡动作法的教学示例见表 4-6。

表 4-6　过渡动作法教学示例

动作组合	具体动作
动作 A	4 迈步侧点地
过渡动作 N	4 并步
动作 A+N	4 迈步侧点地 +4 并步
动作 B	2V 字步
动作 B+N	2V 字步 +4 并步
动作 A+B+N	4 迈步侧点地 +2V 字步 +8 并步
动作 C	2 交叉步
动作 A+B+C+N	4 迈步侧点地 +2V 字步 +2 交叉步 +4 并步
动作 D	4 小马跳
动作 A+B+C+D	4 迈步侧点地 +2V 字步 +2 交叉步 +4 小马跳

(六)层层变化法

层层变化法是指在多次练习中,通过层层变化从一个动作组合逐渐过渡向另一个动作组合的方法。运用这一方法,需在原有动作的基础上做出改变,每改变其中一个动作,就要重新练习整个组合动作。

4×8 拍动作组合的层层变化练习方法示例见表 4-7。

表 4-7　4×8 拍动作组合

动作组合	具体动作
动作 A+B+C+D	4 迈步侧点地 +2 V字步 +2 交叉步 +4 小马跳
改变动作 A 后: A″+B+C+D	4 并步 +2 V字步 +2 交叉步 +4 小马跳
改变动作 B 后: A″+B″+C+D	4 并步 +2 十字步 +2 交叉步 +4 小马跳
改变动作 C 后: A″+B″+C″+D	4 并步 +2 十字步 +2 上步吸腿 +4 小马跳
改变动作 D 后: A″+B″+C″+D″	4 并步 +2 十字步 +2 上步吸腿 +4 开合跳

第二节　健美操教学方法的合理选择

一、健美操教学方法的选择思路

(一)依据教学目的进行选择

健美操教学主要包括健身健美操教学和竞技健美操教学,不同类型健美操教学的目的不一样,因此所选的教学方法也有所区别,分析如下。

健身健美操教学的主要目的是增强学生体质,塑造健康优美的体型,因此选择教学方法时,以有氧方法为主,尽可能全面锻炼身体各个部位,同时还要采取一些趣味性的方法,实现提高有氧代谢能力、强身健体、愉悦心理的教学目的。

竞技健美操教学的目的是提高学生的健美操竞技能力,达到健、力、美的统一,在健美操比赛中取得好成绩。为实现这一目的,可在竞技健美操教学中采取完整与分解教学法、观摩教学法、赛练结合等教学方法。

(二)根据教学内容和对象进行选择

健美操教学中,教学内容与教学对象也会影响教师对教学方法的选择,教师所选的教学方法要能满足教学内容的实施需求,同时满足不同类型学生的需求。

在健美操理论教学中,语言讲解是选择的主要方法,但为了避免单一讲解方法给学生带来枯燥乏味感,教师需结合实际案例来讲解,以吸引学生的听课兴趣,并通过案例辅助教学手段来使学生更好地理解教学内容。在健美操运动技能教学中,示范法是主要选择的教学方法,使学生直接感知要学的健美操动作,同时也要采用身体锻炼法来培养学生的身体素质,使其体质和运动技能同时得到增强。在运动技能教学中,动作的难易程度也会影响教学方法的选择,如果动作简单易掌握,则以完整教学为主,如果动作复杂难掌握,则以分解教学为主,例如,在针对不同的教学内容和对象,所选择的教学方法也应体现出一定的差异性。例如,在进行理论知识教学的过程中,应利用讲授的方法。考虑到单纯口语讲授的乏味性,可以在其中适当地掺杂一些实际案例,辅助学生对知识进行理解掌握。而在运动技能教学中,则不适合采用讲授法,而应采用直接感知的示范教学。

为了提高教学方法选用的针对性,教师可对学生进行分组,针对不同运动基础的学生采用不同层次的教学方法,并鼓励同组学生相互帮助,共同向更高层次努力。

(三)依据教学阶段进行选择

健美操教学中,不同教学阶段的教学目的、教学任务不同,学生在不同阶段的运动水平也不同,因此在不同阶段采取的教学方法应体现差异性,应符合特定阶段的教学目的、任务、内容,符合学生的实际情况。下面分析三个教学阶段对教学方法的选择。

在健美操教学的初始阶段,学生初步学习健美操,运动技能处于泛化阶段,学习动作时还不是很清楚动作路线与方向,而且动作不规范,缺乏自控力,这个阶段适合采取的教学方法有讲解示范结合法、兴趣教学法等。

在提高动作质量阶段,学生完成动作对比之前明显更自如,提高了动作的准确性和协调性,但依然不太熟练动作技能,针对这个阶段的特点,适合采取的教学方法有完整与分解结合教学法、重复练习法等。

在健美操教学的后期,学生对健美操动作技能已经非常熟练,完成动作技能时基本已经达到了自动化水平,可以熟练又优美地展示整个动作,连贯自如,为了使学生将所掌握的技能运用到实战中,这个阶段可采取的教学方法有观摩比赛法、模拟比赛法,同时还可以采用创新教学法来培养学生的创造性。

二、健美操教学方法的组合运用

在现代健美操教学中,因为每个教学方法本身就有局限性,有各种各样的缺陷,所以只采取单一教学方法所起到的作用和达到的效果是有局限的,难以最大限度地实现教学目标和提高教学效果。因此,健美操教师要善于从教学目的、教学内容、教学对象以及教学阶段出发而将适宜的教学方法组合起来加以运用,从而最大限度地实现理想的教学效果。例如,讲解法与示范法组合、完整教学与分解教学组合、游戏法与比赛法组合、技术练习与身体练习组合、重复练习和间歇练习组合,等等。对不同教学方法的多元化组合运用能够使各种教学方法取长补短,发挥各自的优势,弥补不足。为了提高对多种不同教学方法组合运用的科学性与效果,可参考如图 4-5 所示的组合模式。

各种教学方法功能、特点分析

各教学阶段任务、特点

认知阶段

联结阶段

自动化阶段

教学人群特点分析

生理特点

心理特点

教学方法的选择与组合

教学练习方法

技术教学方法

理论教学方法

理论教学

技术教学

学生练习

下一单元教学

方案效果评价

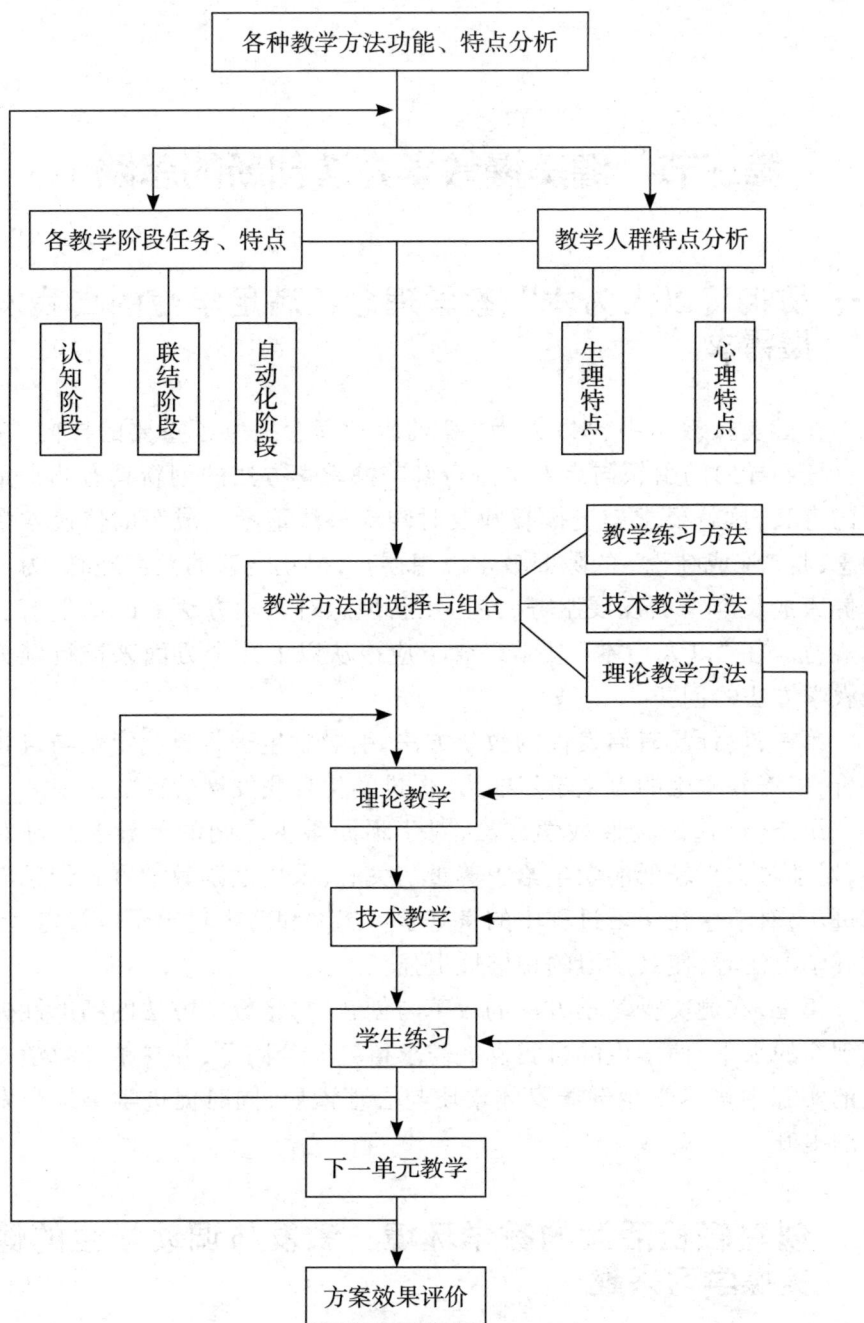

图 4-5　健美操教学方法的组合模式

第三节　健美操教学方法创新的思路

一、贯彻"以人为本"教学理念，满足学生的自我发展需求

在健美操教学中，"以人为本"的教学理念提供了重要的导向，在这一核心导向的引领与启发下进行健美操教学方法的创新具有非常重要的意义，这就要求健美操教师及时转变只注重考核成绩的传统教学观念，将"唯成绩论"的陈旧教学思想摒弃，树立全新的教育理念，为学生健康成长与全面发展服务，并运用新理念对教学方法的改革创新加以规范。在"以人为本"教学理念下应该从以下几个方面来进行健美操教学方法的创新。

第一，设计具有启发性的教学方法，引导学生进行自我定位与自我评价，以培养学生的自主学习能力，促进学生自我发展价值的实现。

第二，创造激励性教学方法，对于不同学生之间的差异要正确对待，对学习水平较低的学生给予尊重与关心，采用激励教学方式带领学生进步，对学生在学习过程中的良好学习态度和努力付出予以肯定，增强其学习信心，使其学习的积极性更强。

第三，在健美操教学方法的改革与创新中，将教学方法的精准性提高到新的水平，使学生的自我发展需求得到充分满足，并在精准教学方法的实施中培养学生健康身体素质与心理素质，同时促进学生综合素质的提升。

二、创建轻松活泼的教学环境，激发与调动学生的健美操学习兴趣

传统健美操教学方法在课堂上运用得比较单一，而且带有一定的强制性，学生被灌输知识，被动接受，自主意识得不到重视，课堂教学氛围沉闷，整个课堂教学过程枯燥乏味，模式化严重，最终导致的结果是

学生毫无学习兴趣与热情,教学效果与预期差距大。针对这个问题,应在健美操教学方法的创新与运用中创建轻松的教学环境、营造活泼的教学氛围,使学生感受到学习健美操的趣味,并乐于主动学习。为了达到这一目的,需做好以下几方面的工作。

第一,健美操教师要善于调动课堂气氛,使学生保持愉悦的心情来自主学习、配合教师,使其在良好的状态下对健美操的魅力产生深刻的体会,从而将其学习兴趣和热情激发与调动起来。

第二,要营造轻松欢悦的课堂教学氛围,就要充分利用与凸显健美操本身具有的律动性特征这一优势,在充满律动与节奏的健美操教学中能够将所选教学方法的功效最大限度地发挥出来。

第三,在健美操教学方法的创新中提高方法的开放性,将趣味性、兴趣等元素融入新的教学方法中,为营造活泼欢快的课堂氛围提供便利,在欢快、活跃、充满律动的健美操教学中使学生保持长时间的学习兴趣,提高健美操知识素养和运动技能水平,达到良好的教学效果。

三、有机整合多种信息化教学方法

在现代教学理念下改革与创新健美操教学,促进健美操教学有效性、实效性的提升,进一步提高教学质量,培养学生的健美操运动能力和综合素质,就要充分重视对健美操教学方法的整合、优化与创新,探索科学的整合优化模式以及创新策略,科学设计多元化的信息化教学方法,并在课堂教学中综合运用慕课、微课、翻转课堂等丰富的现代化教学方法来指导学生学习,切实保障教学效果和教学质量。

例如,在健美操基本姿态教学和乐感训练中适合采用微课教学方法,同时可以将翻转课堂、慕课教学方式融入其中,综合运用这些教学方法来提高基本姿态教学效果和乐感训练效果。这几种信息化教学方法的整合运用方式为,先设计与应用微课教学法,再将翻转课堂教学法引入其中,使学生结合微课内容预习所学知识,同时将慕课资源分享给学生,使学生在自主学习时可通过慕课解决自己的学习问题,及时获得有价值的指导与帮助,最后将自己的学习成果、经验或感想分享到慕课平台上。在整个过程中,教师要把握好教学重难点,帮助学生掌握重难点内容,并促进学生学习效率和效果的提升,最终全面提高教与学的双面教学效果。整合运用不同的信息化教学方法还能激发学生的学习兴趣与积极性,提高学生对信息化教学方法的理解水平和运用水平,提高其学习效能。

四、促进传统教学与多媒体教学的结合

多媒体教学是现代教学理念下健美操教学方法的重要发展方向之一,在现代健美操教学中应更新思想观念,重视多媒体教学方法的运用,将多媒体教学技术手段充分运用到健美操课堂教学中。在健美操教学中,多媒体技术大都是以教学辅助手段的角色出现的,利用这类辅助性手段可以有效改革传统教学方法,设计出更多新颖的教学方法,从而不断丰富教学方法体系,提高教学的立体性、直观性和趣味性,为教师选用教学方法提供更广泛的空间与更充足的选项。

我们提倡对多媒体教学方法的设计与使用,并不意味着要全盘否定与摒弃传统教学方法。而且多媒体教学也有它的缺陷与弊端,因为在健美操教学中师生的互动非常重要,教师要与学生多沟通交流,但是多媒体教学软件虽然为师生线上沟通交流提供了便利,打破了时空局限,然而却限制了师生的近距离互动,使师生的互动变得有了距离感,这样在一定程度上不利于健美操教师真正了解学生的学习需求和学习情况。所以说,多媒体教学大多数情况下是传统教学方法的辅助性手段。

传统教学方法具有强大的生命力,之所以能够延传至今,有其自身的价值、优势与可取性,在推动健美操教学发展、提高教学质量方面确实发挥了不可估量的作用,因此我们必须正确对待传统健美操教学方法,正确处理传统教学方法与多媒体教学法的关系,分析二者各自的利弊,加强整合,发挥各自优势,规避方法本身的缺陷给教学带来的负面影响,促进二者相辅相成,共同发挥提高教学效果的功能价值。

第四节　创新健美操教学方法设计与应用

一、健美操教学中微课教学方法的设计与应用

（一）微课教学方法的概念与特点

微课教学是指以视频为主要载体，在短时间内集中围绕一个知识点展开教学，解决问题，最终以视频的形式呈现学习内容的教学方法。微课教学视频是非常重要的学习资源，为学生在线学习提供了很大的方便。

微课教学方法具有以下几个鲜明的特点。

（1）教学时间短、教学内容少。

（2）虽然时间短，但也是一个完整的教学过程。

（3）教学形式灵活，为教师和学生获取教学资源提供了方便。

（二）健美操微课教学方法设计与应用原则

在健美操教学中应用微课教学法应贯彻以下几项原则。

1. 清晰简明

一个人保持最佳状态的持续时间是 5～10 分钟，在最佳状态下注意力最为集中，学习效率最快，而微课教学本身就是短时间的教学，利用这个特征设计与运用健美操微课教学法，要注意在有限时间内简明扼要地呈现教学内容，直击重点，清晰表达，并将文字与图片有机结合起来，以提高视频的美观性，吸引学生的注意力，使学生快速掌握教学内容。

2. 突出针对性

因为微课教学本身时间就短，在短时间内不可能完成很多内容的教学，所以必须结合学生情况和教学重难点来选取量大小适宜的知识点，在教学中围绕这个知识点说明相关问题，使学生学习起来更有针对性，效率更高。

3. 适时分解

微课教学短小精悍,时间短,内容也少,但这丝毫不影响教学的整体性与过程的完整性。鉴于微课教学的这些特征,在健美操微课教学设计中要善于适时分解教学内容,如将组合动作分解为若干单个动作,将成套动作分解为若干组动作,然后重点讲解,为学生课后学习提供便利。

(三)健美操微课教学方法应用设计

1. 教学程序设计

在健美操微课教学方法设计中,教学程序设计也就是方法实施过程的设计,在这方面应从三个阶段进行安排,包括课前准备、课中教学与课后安排。一般在课前、课后安排学生对微课教学视频的自主学习。课前对微课视频进行制作并及时上传,为课中学习提供资源和工具,学生反复观看视频,总结自己的问题,课中提出问题并获得老师的解答与帮助,教师耐心指导学生,解决学生提出的问题,这样课中教学效率就会大大提高。课后学生复习和预习功课也可以将微课视频利用起来,以巩固所学知识,并为学习新内容做好充分准备。

健美操微课教学方法实施过程的设计如图4-6所示。

(1)课前准备

课前准备主要是制作与上传健美操微课教学视频,并在线解答学生的问题。健美操教师在正式上课前几天将微课教学视频制作好,并向微信、微博等相关平台上传,以学生的学习情况为依据对学习任务进行安排,要求学生在课前利用教材和视频资源进行自主学习,并根据视频中的指导来练习健美操技术,将闲散时间利用起来随时随地学习与练习,为上课做好充分的准备,提高自己的健美操运动能力。课前师生可以利用多媒体平台探讨问题,互动交流,对于学生提出的普遍性和个别性问题,教师要做好整理,以便在课中集中解答,学生课前学习结束后也要注意反思与评价自己的学习成果,正视自己的问题,及时向教师反馈与咨询,而且自身也要不断自觉练习以巩固运动技能。

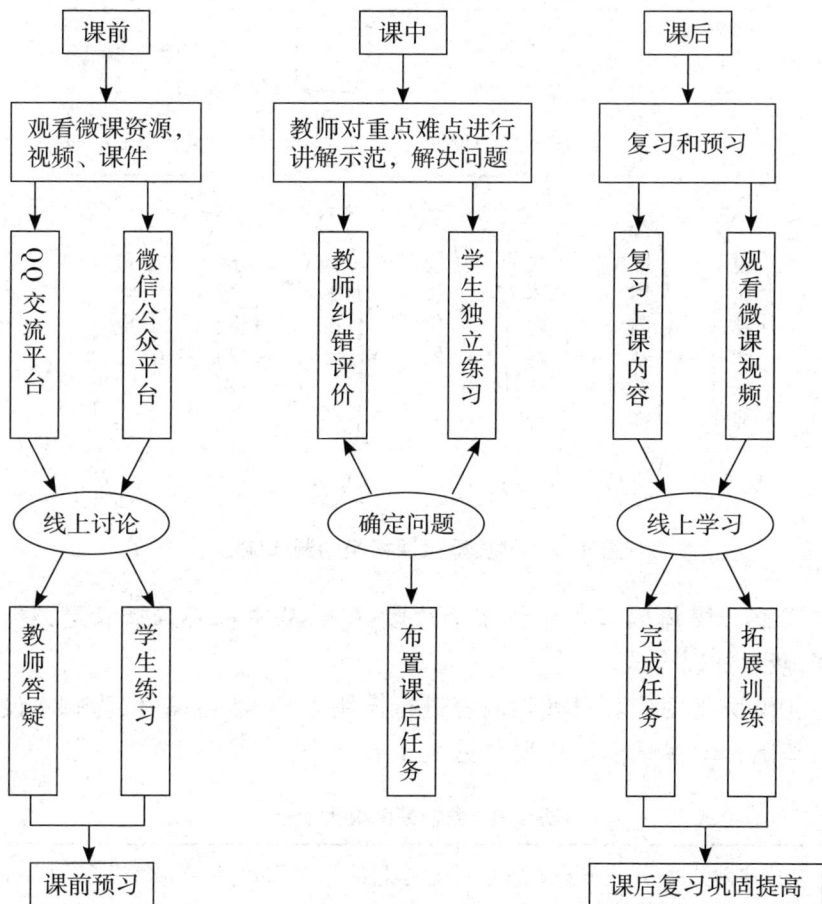

图 4-6　健美操微课教学方法实施过程的设计

在健美操微课教学的课前准备阶段,教师制作微课视频是非常关键的一步,视频质量直接影响微课教学的效果。健美操微课视频的制作流程如图 4-7 所示。

①建立制作标准。首先建立微课教学视频的设计标准,按照标准进行设计,确定主题,保持与教学内容的一致性。

②选择媒体内容。媒体内容是非常重要的素材,选择素材是微课教学视频制作中最基础的环节,也是非常重要的环节,视频制作能否成功,质量如何,都受到素材选择的影响。选取素材时要以健美操教学目标、学生认知特点及学习需求、学生审美特点等为依据,突出素材的实用性、审美性及其他价值。

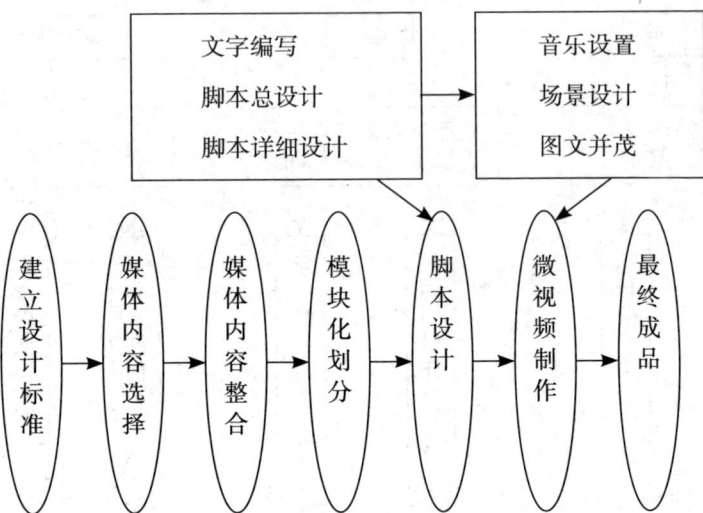

图 4-7　健美操微课视频的制作流程

③整合媒体内容。制作多个片段视频，从中精心选择满足条件的视频，然后加以合成。

④模块化划分。对教学内容进行模块划分，然后编号，为脚本设计奠定基础。微视频模块化划分见表4-8。

表 4-8　微视频模块化划分

	模块划分序号	知识点编号	教学目的	学习目标	教学作用	时间
微课模块化划分表	模块一					
	模块二					
	模块三					
	模块四					
	模块五					

⑤脚本设计。脚本设计包括编写视频文字稿和制作视频脚本，制作时先进行整体制作，再详细制作。

⑥制作微视频。按照教学目标和教学要求制作微视频，最终制作成果要能引起学生的注意，使学生对健美操学习产生兴趣，要成为学生健美操学习中重要的学习资源。微视频制作流程如图4-8所示。

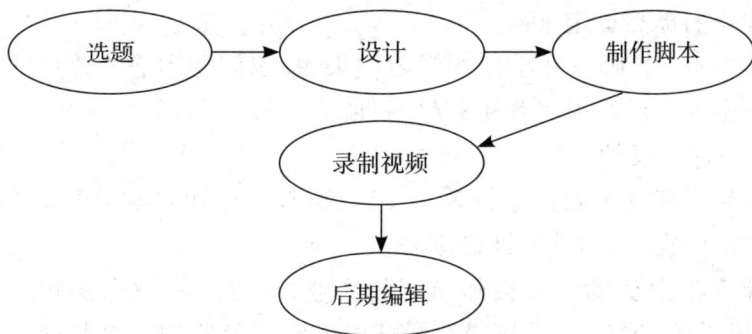

图 4-8　微视频制作流程

（2）课中设计

课中教学是健美操微课教学方法实施程序的核心环节,在这方面要以健美操教学进度为依据来设计每节健美操课的教学方案。学生经过课前预习后做好了充分的学习准备,对教学内容有了比较多的了解,而且有的知识与技能已经掌握好了,所以在课中主要是检验学生的预习情况,解决学生在预习中的问题,然后剩余时间可以安排新知识的教学或让学生自由练习。

微课教学设计中之所以安排课前预习这个环节,主要是为了提高课中教学的效率,节约课堂时间,从而使学生在课堂上的自主练习时间更多一点,这样有助于教师观察学生并发现问题,及时帮助学生纠正错误动作,同时还能使学生有时间掌握更多的知识与技能,使学生知识面更广,运动能力更强,学习兴趣更高。

健美操微课教学程序中,课中教学阶段一般安排下面几个教学环节。

环节一:教师讲解、示范本节课重难点动作,让学生对所教动作进行直观学习与掌握。

环节二:教师解答学生在线上提出的问题,解答问题时要善于启发学生一起探索问题的答案,共同答疑,使学生对答疑方式和最终答案印象更深刻。如果教学对象健美操学习能力较差,教师在分解示范上花的时间就要多一些,然后再让学生自主思考与练习。

环节三:教师对学生进行分组,各组学生听安排练习,教师观察指导,在这个过程中要对学生的自主创新能力提出一些要求。

环节四:利用课堂时间进行知识拓展学习,播放精彩的健美操比赛视频,使学生学习健美操竞赛规则。同时还要安排身体素质练习,为学生技能的提高奠定基础。

环节五：教师点评学生的学习成果，指出问题和需要改进的地方，这样学生在课后练习时就更有针对性。

（3）课后反馈

课后反馈环节教师进行教学反思，对教学设计方案予以完善，并制作新的微课视频，为下次课做准备。

课后学生认真完成教师布置的作业，反复观看微课视频，自觉练习，巩固技能，同时也要与同学展开关于学习经验的分享与交流，取长补短，共同进步。

2.教学资源设计

微课教学资源的设计流程如图 4-9 所示。

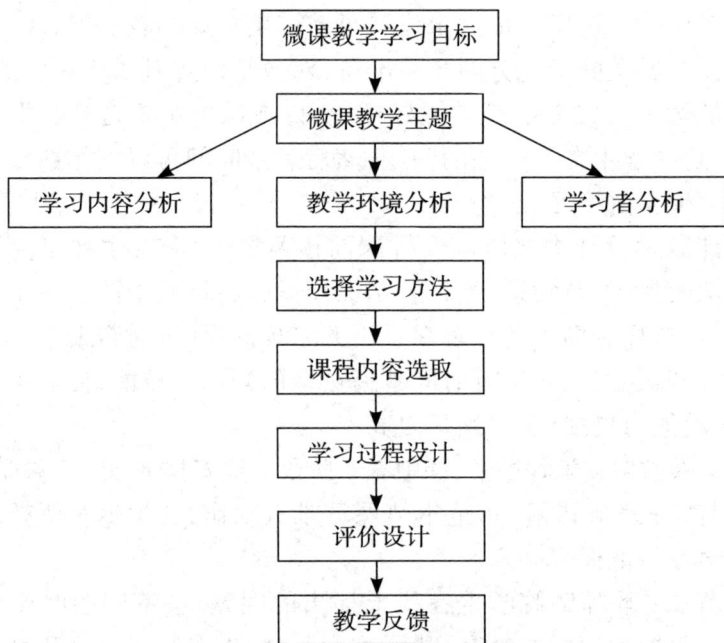

图 4-9　微课教学资源的设计流程

（1）确定教学目标

首先将健美操微课教学目标确定下来，再依据此将学习目标确定下来，然后依据教学目标和学习目标展开后面的设计工作。

（2）确定主题

根据健美操课程教学目标与任务确定微课主题。

（3）分析教学内容

教师认真分析教材和教学内容，充分把握重难点内容和学生容易出现错误的内容。

（4）分析学习资源

支持学生学习的物质条件就是所谓的学习资源，对学习资源的分析与选用直接关系到学生的学习成果。在这一环节要将健美操教学特点和微课教学特点结合起来，对丰富适宜的学习资源进行选择。

（5）分析学习者

对学习者的兴趣爱好、健美操基础运动能力、身体素质进行分析，针对不同层次的学生设计与选用不同的教学资源。

（6）选择学习方法

贯彻因材施教原则，根据对学习者的分析结果对适合不同学生的学习方法进行设计与选用。

（7）选取课程内容

根据教学目标将课程内容确定下来，课程内容要满足学生的兴趣爱好，有助于促进学生全面发展。

（8）设计学习过程

微课学习过程较为复杂，因此要设计好每个环节，各环节之间紧密联系，相互影响，教师在学生的学习过程中发挥重要的引领作用，同时要注意培养学生的自主学习能力。

（9）设计教学评价

微课教学效果是否达到预期目标，这是终结性评价；微课教学过程中学生是否积极学习，这是过程性评价。

（10）教学反馈

微课教学结束后教师认真反思自己的教学行为，并总结学生提出的问题和建议，以完善设计方案。

二、健美操教学中三段式任务驱动教学法的设计与应用

（一）三段式任务驱动教学法的阐释

三段式任务驱动教学法是将教学过程分为动态的自主学习、相互协助学习、任务的驱动三个教学部分，这三个部分既相互独立，又相互

联系,环环相扣,呈递进式,由被动变主动激发学生的学习积极性与创造性,培养学生的自学能力,提高学习效率。其中自主学习强调提高学生的自主学习能力,为学生找到合适的学习方法,这个阶段的学习主要解决基础性问题;协作学习阶段以学生的探究为基础,学生之间相互学习,相互沟通共同达到目标;任务驱动阶段,教师根据学生的学习情况布置任务,引导学生在探索中完成任务,然后再总结学习过程和成果。

(二)健美操三段式任务驱动教学法的应用流程设计

在健美操教学中采用三段式任务驱动教学法,应按如下步骤设计教学过程。

1. 提出教学目标

教师制定教学目标时在课前做好充分准备,深入研究教材内容和课程标准,了解学生特点,制定出可操作性强的具体的教学目标。

2. 设计教学任务

教师根据不同学生的特点对任务进行分类,由简到难,由上到下,可在课前先制定一个大任务,再细化成具体的任务,也就是分解成二级甚至三级子任务来逐个完成。教学任务要有趣味性、开放性、操作性、针对性。根据学生学习情况循序渐进地布置任务,难度逐渐提升。任务分解如图4-10所示。

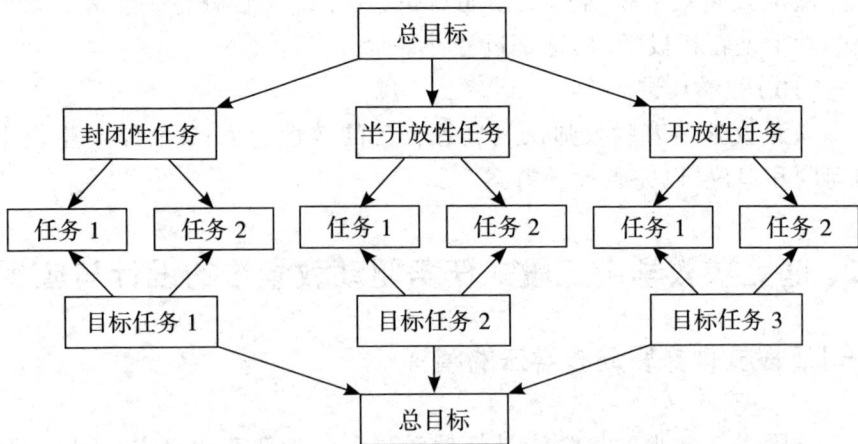

图4-10 任务分解

3. 教师指导学生学习

自主学习阶段,让学生了解健美操的基本知识及基本动作技能,有效引导学生积极学习,激发学生兴趣。

协作学习阶段,注重互动学习,以学生为主体相互帮助学习基本动作技能,教师及时纠正学生的错误,尽可能充分解决学生学习中出现的问题、错误动作和教学难点。

任务驱动阶段,总结学生的学习结果,认真反馈、梳理,布置更高层次的任务,使学生保持良好的自主学习态度及课堂参与程度。

4. 学生自主学习

正确引导学生自主学习健美操课程,当学生了解健美操基础知识及基本动作技能后,要设置一些简单的问题使学生自主解决,并让学生利用已学知识进行拓展学习。

5. 检验学习效果

对学生的自主学习情况进行检验,根据学生的学习情况开启下一阶段的教学工作。

6. 教师纠正

教师作为主要引导者要不断纠正学生的错误动作,提高学生健美操动作技能的规范性。

7. 任务驱动

学生基本了解并体验健美操运动技能后,引导学生归纳、总结并了解健美操动作的联系,使学生对健美操知识的掌握达到结构化和系统化,以便于学生理解和记忆。在学生能够运用所学知识与技能后,设计较高层次的应用任务,使学生对健美操知识与技能的掌握及运用达到较高层次。

8. 课后总结

检验课堂教学成果,教师和学生都要进行总结评价,评价时指出学生自学存在的疑难问题,并给出解答。

第五章

现代教育理念下健美操教学模式的创新设计与应用

　　在现代教育背景下,教学模式的改革非常重要,在科学有效的教学模式的指导下,学生的健美操运动水平能得到极大的提升。在现代教育理念下,健美操教学模式的设计一定要讲究创新,在原有的教学模式基础上结合健美操的特点与实际进行创新,创新出的教学模式一定要符合现代教育的要求,符合健美操运动的发展需求。本章就重点研究健美操教学模式的创新与应用。

第一节　常见健美操教学模式与应用

一、体育教学模式概述

(一)体育教学模式的概念

关于体育教学模式的概念,世界上诸位专家及学者都有不同的见解和看法,至今都没有形成一个统一的定论。但是依据他们对体育教学模式的看法,我们可以将体育教学模式分以下几点理解。

(1)体育教学模式是教学活动的结构或者是基本框架。

(2)体育教学模式属于教学活动的策略与程序。

(3)体育教学模式是操作教学活动的形式与方法。

(4)体育教学模式是对教学理论的设计与组织。

综上所述,体育教学模式就是一种体育教学活动开展所必需的方法论体系,是在一定的教学理论以及思想的指导之下形成的教学活动的基本框架以及策略体系。

(二)体育教学模式的特点

总的来说,体育教学模式主要表现为以下几个方面的特点。

1. 整体性特点

体育教学模式具有一定的整体性特点,这一特点主要从以下三个方面得以体现。

(1)体育教学模式内部涵盖多方面的要素,这些要素相互联系与促进共同构成一个完整的体系,该体系主要包括教学思想、教学目标、操作程序、教学条件、教学评价等元素,通过这些要素之间的联系与互动,推动着体育教学活动的顺利开展。

(2)在体育教学中,体育教学模式的选择非常重要,会对体育教学质量及效果产生重要的影响。体育教学系统中的各项要素通过各种组合能形成不同类型的教学模式,而不同的教学模式的组合和利用则会产生不同的体育教学效果。

（3）体育教学模式的应用所解决的主要问题是体育教学的整个教学任务的完成问题,对于一些细节问题则可能不会涉及。

2.简明性特点

可以说,体育教学模式只是一个大体的思路,涉及的细节元素并不多,具体的教学细节还需要教师与学生的共同配合去解决。简单来理解,体育教学模式就是简化了的体育教学结构理论模型,它从理论高度对体育教学实践活动进行概括、总结,提供框架,那些具体的实际的内容有待于进一步的研究。

3.稳定性特点

体育教学模式的形成并不是一蹴而就的,需要经历一个长期的过程。而在某种教学模式确定之后就具有了一定的稳定性,一定的教学模式必然是建立在既定的体育教学理论的基础上的,不同的教学模式基于不同的教学理论对教学活动进行整体规划,能实现不同的教学任务和目标。

经过一定的实践检验后,体育教学模式才得以确立并不断发展。通过一段时间的发展,体育教学模式的结构就会确定下来,内部各要素及各要素之间的关系也会确定下来,不能随意改变。由此可见,体育教学模式具有明显的稳定性特点。

4.可操作性特点

可操作性是体育教学模式一个非常重要的特点,如果某种体育教学不具备可操作性,那么这种教学模式也就没有存在的必要。任何一种体育教学模式都必须能在体育教学实践中应用,如果只能停留在理论阶段,那么其发展就成为一个空谈。

伴随着现代教育的改革与发展,出现了大量创新的教学模式,这些模式的出现对于体育教学质量的提高起到了非常重要的作用。需要注意的是,任何体育教学模式的创新与发展,都要重视其是否具备可操作性,没有可操作性的教学模式是难以获得进一步发展的。

（三）体育教学模式的功能

体育教学模式的功能是多种多样的,其中简化、预测、解释与启发、调节与反馈是几个非常重要的功能。

1. 简化功能

整个体育教学活动相对来说比较复杂，涉及的要素非常之多，为了取得理想的教学效果，必须要对这些要素做一定的处理，促使其简单明了，便于学生的学习。图示就是这样一种简化的方式，通过图示，能清晰地表现出健美操教学系统内各要素之间的关系，让学生对健美操教学有一个大体的了解。另外，体育教学结构能够反映系统内非各环节各要素之间的关系，这种结构非常注重各种原则与原理的运用，重视学生行为的表现和技能的掌握。这充分说明了体育教学模式的重要作用。可以说，体育教学模式与体育教学任务是相符的，

一般来说，体育教学模式在健美操教学中的应用应注意以下几个方面。

（1）重视体育知识与各种体育技能的学习。

（2）重视体育教学目标的制定。

（3）重视体育教学方案的设计。

（4）制定良好的体育教学策略。

综上所述，体育教学模式具有明显的简化功能，通过简化的体育教学模式，学生能更容易理解健美操教学中的各项要素。另外，抽象的、完整的体育教学模式的设计还能为体育教师的教学提供基本操作框架，保证体育教师更好地组织与管理教学活动。

2. 预测功能

体育教学模式具有一定的预测功能，主要指的是它能对整个体育教学进程和结果进行合理的估计。通常情况下，以某种教学模式内在与本质的规律及其现象为主要依据，来对该模式进行预测。体育教学模式的预测功能主要体现在以下两个方面。

一方面，如果没有实现预期的教学目标，就说明制定的教学模式还存在一定的问题，需要进行一定的调整。另一方面，如果实现了预期的教学目标，说明预测与实际情况是相吻合的，体育教学模式是可靠的。

3. 解释与启发功能

解释与启发也是体育教学模式一个非常重要的功能，这一功能主要是指利用简洁明了的方法解释复杂的现象。在众多的体育教学模式中，发展体能教学模式就具有这样的功能。

以发展体能教学模式为例，其所蕴含的解释与启发功能主要在以下三个方面得到具体的体现。

第一，制定的阶段性的体能目标体系。

第二,体育教学系统中发展体能的指导思想。

第三,体育活动促进技能教学的发展理论。

以上几个方面都充分体现了体育教学模式解释与启发的功能。

除此之外,体育教学模式的解释与启发功能还在教学评价中得到一定的体现。第一,预先进行体能测验,实施诊断性评价。第二,以学生的身体条件为依据安排单元教学计划。第三,根据某种体能目标进行教学。第四,总结性评价中对教学效果的总结。

4.调节与反馈功能

调节与反馈也是体育教学模式一个非常重要的功能。一个体育教学模式是否科学和合理,是否具有良好的效果需要通过反复不断的实践才能验证。也要通过实践的体育教学活动对其进行检验才能得知。体育教学模式的制定要有一定的依据,其中教学理念、教学条件和教学环境等都是其中重要的要素,在设计体育教学模式的过程中要充分考虑这些要素。一个良好的体育教学模式能促进体育教学质量的提高,为促进体育教学质量的提高还要不断调整教学模式,以符合现代教育发展的要求。

二、常见的教学模式及在健美操教学中的应用

(一)成功体育教学模式

成功体育教学模式主要是充分利用个体的成就动机展开教学活动,充分激发学生学习的积极性,促进学生学习水平提高的一种教学模式。在这一模式的应用下,通常能取得不错的教学效果。如今,成功体育教学模式也常应用于健美操教学中,对于健美操教学质量的提高具有非常重要的意义。

如今,成功体育教学模式在健美操教学中也得到了一定的利用,取得了不错的效果。这一教学模式非常重视学生主体作用的发挥,要求通过学生自己的努力完成学习目标,实现教学任务,在这一教学模式的应用下,学生的自信心得到了很大的提高,学习能力也获得了一定的提升,这对于学生综合素质的发展非常有利。

1.指导思想

(1)以学生为主体组织与开展健美操教学活动。

（2）为学生创造和谐的健美操练习的环境。

（3）在教学中利用相对评价与绝对评价结合的方式对学生进行评价。

（4）十分重视学生的学习过程，注重学生的过程性评价。

2. 优缺点

（1）优点

第一，学生能获得"成功感"或"成就感"，学生能正确地认识自己，有利于学生在学习中发扬"艰苦奋斗"的精神，坚持不懈完成学习任务。

第二，成功教学模式重视学生在学习过程中的亲身体会和体验，能有效地促进学生自我学习能力的提升。

（2）缺点

这一教学模式对体育教师的教学组织能力提出了很高的要求，教学内容和方法的选择具有一定的难度，再加上不同学生的学习能力不同，教学目标难确定，过高或过低的教学目标都不利于取得理想的教学效果。

3. 适用条件

（1）可采用分组教学。

（2）必须要有充足的教学资源作为支撑。

（3）对体育教师的综合素质要求较高，要具备出色的教学组织能力。

4. 操作程序

成功体育教学模式的操作程序如图5-1所示。

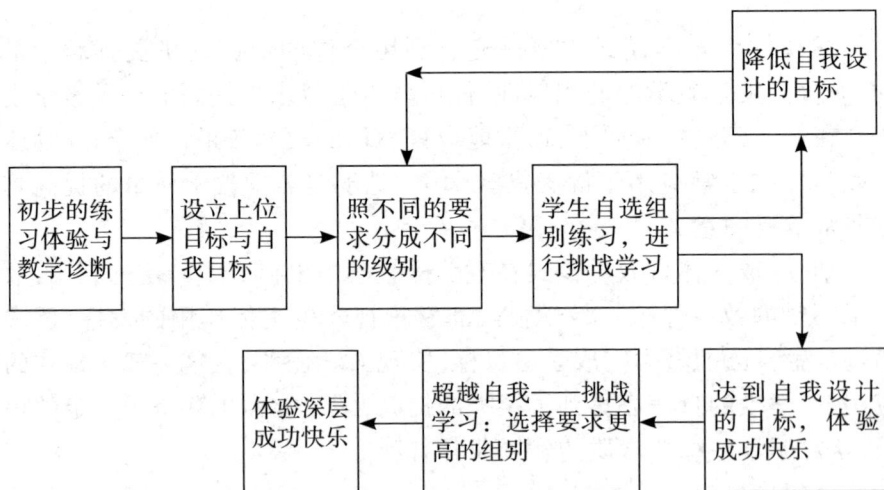

图 5-1　成功体育教学模式的操作程序

(二)小群体体育教学模式

发展至今,小群体教学模式也在健美操教学中得到了一定程度的利用。这一教学模式是指在体育教师的指导下,把学生分成若干个学习小组,同组学生之间通过互动、互助、互争的体育学习,实现既定的教学目标的一种教学模式。

1. 指导思想

(1)培养学生良好的思想道德品质。

(2)提高学生的综合素质与能力。

(3)培养学生的团队意识和精神。

(4)培养和提高学生的社会适应能力。

2. 优缺点

(1)优点

以往的体育教学,学生的个性受到一定程度的抑制,教学模式大都属于一刀切的教学形式,学生的个性化发展受到很大的限制。而小群体教学模式更加注重学生的主体性,强调一切教学活动的开展都要以学生为中心,强调健美操教学中要采取各种手段与措施激发学生学习的积极性,有助于学生的个性化发展。

通过小群体教学模式的应用,学生的个性及集体意识都获得了不错的培养和发展。除此之外,学生的与人交际的能力也得到了明显的提升。

小群体教学模式具有一定的先进性,它充分尊重了学生个体的需要,学生个体的意见、能力、学习需要在小群体中得到尊重,除此之外,学生还能学会尊重他人,服从整体,自身各方面都能获得不错的发展。

(2)缺点

这一教学模式会花费大量的教学时间,需要体育教师投入大量的时间和精力进行教学实践,用实践检验这一教学模式的有效性,这会在一定程度上压缩学生的身体练习时间,对学生学习质量的提高具有一定的影响。

在健美操教学中,会存在一些不善表达的个人,这就可能导致个人观点在集体讨论中的被忽视和"失声"。对于这一部分学生,体育教师应给予其更多的关注和帮助。

3.适用条件

（1）学生要具备团结协作的能力。

（2）健美操器材设备要准备充足。

（3）体育教师要有出色的教学组织与管理能力，能成功地引导学生参与健美操教学与习练。

4.操作程序

小群体体育教学模式的操作程序具体如图5-2所示。

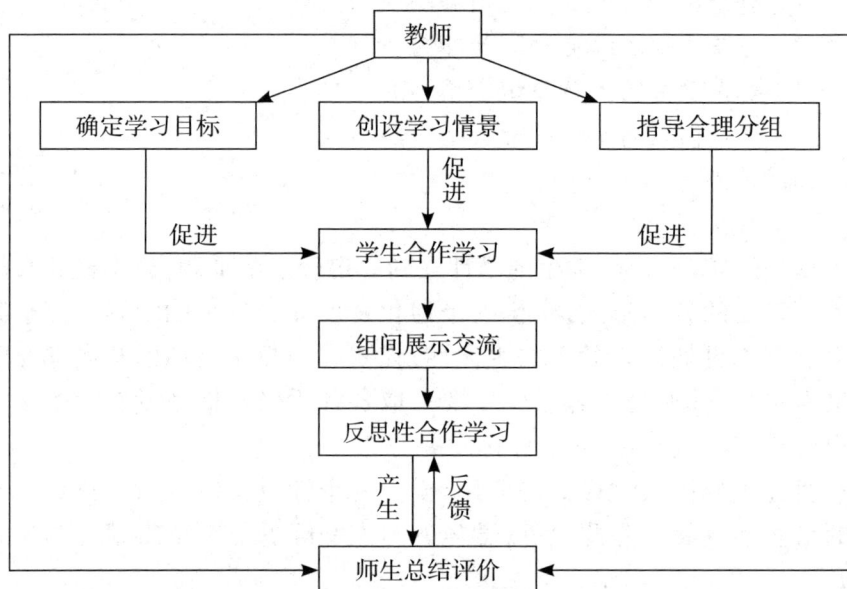

图5-2　小群体体育教学模式的操作程序

（三）主动性体育教学模式

在如今的健美操教学中，主动性体育教学模式也较为常用。这一教学模式是指以"学生是体育教学的主体"理论为指导，强调良好体育教学环境的创造，提高学生的学习主动性，促进教学从"要我学"向"我要学"转变的一种模式。这一教学模式非常注重学生这一教学主体和中心，这与"以人为本"的现代教学理念是相符的。

1.指导思想

（1）重视学生主动参与健美操教学活动意识的培养。

（2）重视学生健美操创新意识与能力的培养。

（3）重视学生学习能力的培养。

（4）重视学生思想品德和职业素养的培养。

2. 优缺点

（1）优点

第一，这一教学模式非常重视学生主体地位的体现，在这一模式之下，学生的主体意识能得到很好的培养，学生学习的自主性也能得到进一步的提高。

第二，这一教学模式非常重视学生学习兴趣的培养，还能很好地培养学生的学习能力，并使得体育活动真正走进学生的生活。对于学生终身体育意识和能力的培养也是非常有利的。

（2）缺点

这一教学模式要求学生必须具有较高的学习自觉性，要求学生具备不错的运动基础，否则教学活动就难以顺利地开展。

3. 适用条件

（1）比较适合小班群体。

（2）适用于具有良好的学习自觉性的学生。

（3）适用于简单动作教学或者教学内容难度不大的情况。

4. 操作程序

主动性教学模式的具体操作程序如图 5-3 所示。

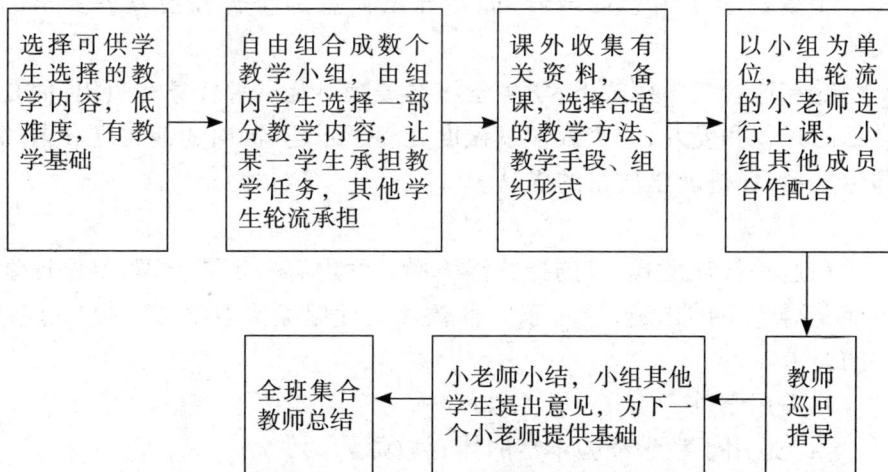

图 5-3　主动性教学模式的具体操作程序

（四）快乐体育教学模式

快乐体育教学模式是体育教学中常见的一种教学模式,在健美操教学中,这一模式也得到了一定的利用。"快乐体育"的核心是"快乐",强调体育教学中让学生体验运动快乐,从而促进体育教学质量的提高。

1. 指导思想

（1）注重学生身体素质的发展,注重学生运动技巧的掌握,更为重要的是主张学生运动乐趣的获得。

（2）以兴趣为导向,主张采用多元化的教学方法,"寓教于乐",在快乐的学习中掌握运动技能。

（3）从情感教学入手,强调勤学、乐学。

（4）主张"以人为本",重视学生主体地位的发挥。

2. 优缺点

（1）优点

①能营造一个活跃轻松的教学氛围,提升学生学习的快乐体验,能有效激发学生学习健美操的积极性。

②能帮助学生建立快乐体育、终身体育锻炼的理念,促进学生综合素质的发展和提高。

③注重学生主体性的发挥,促进学生的全面发展。

④重视学生情感的培养,能培养出大量的符合社会发展要求的人才。

⑤在这一教学模式下,学生学习健美操不是一种任务和负担,而是自己的兴趣和爱好,整个教学过程也充满了乐趣,同时还能建立和谐的师生关系,促进教学质量的提高。

（2）缺点

在这一教学模式下,选择的健美操教学内容一定要合理,要保证学生能获得学习的乐趣,这对于体育教师设计健美操教学方案提出了一定的要求。

3. 适用条件

（1）适用于教学经验丰富的体育教师。

（2）适用于难度较低的健美操教学内容。

（3）适用于有一定健美操运动基础的学生。

（4）适用于具有良好的创新意识与能力的学生。

（5）具备良好的健美操教学场地与设施、器材。

4. 操作程序

在健美操教学中，快乐体育教学模式的具体操作程序如图5-4所示。

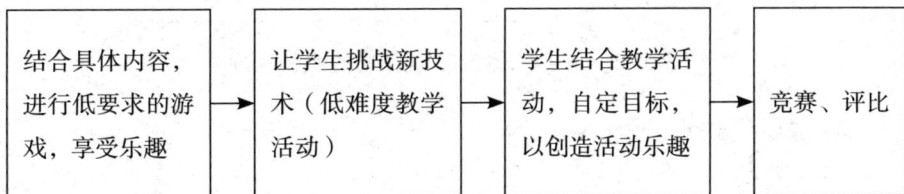

结合具体内容，进行低要求的游戏，享受乐趣	→	让学生挑战新技术（低难度教学活动）	→	学生结合教学活动，自定目标，以创造活动乐趣	→	竞赛、评比

图 5-4　快乐体育教学模式的具体操作程序

（五）领会式体育教学模式

1. 建立背景

发展至今，领会式教学模式在体育教学中得到了一定程度的利用，这一教学模式也可以同样应用于健美操教学之中。这一教学模式主要是通过改造教学过程结构，让教学对象充分领会新的教程，改正教学中的缺陷和不足。这一教学模式非常注重学生运动技能的学习和培养，在一定程度上忽略了学生认知水平的培养和提高。

2. 指导思想

领会式体育教学模式的指导思想主要体现在以下几个方面。

（1）强调教学过程中先尝试，后学习。

（2）注重运动技能的培养和提高。

（3）注重学生学习主动性的培养。

（4）强调完整教学—分解教学—完整教学的教学模式，注重教学效果的测试与评价。

（4）主张多开展健美操的竞赛活动，强调在比赛中提高运动技能水平，这对于学生学习积极性的培养也具有重要的作用。

3. 操作程序

在健美操教学中，领会式体育教学模式的操作程序如图5-5所示。

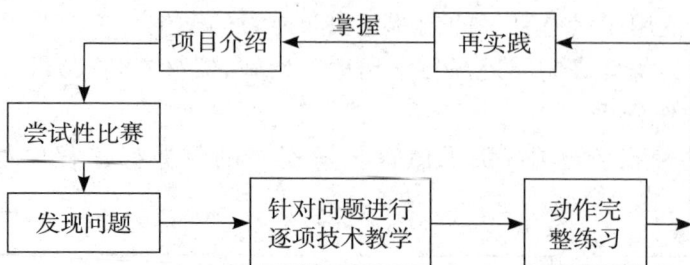

图 5-5　领会式体育教学模式的操作程序

4.主要优缺点

（1）优点

在健美操教学中,领会式体育教学模式的优点主要体现在以下两个方面。

一方面,学生可以在学习的过程中得到深刻的体验,能从中体会正确的技术动作。

另一方面,能有效激发学生学习的兴趣和良好的动机,提高健美操学习的效率。

（2）缺点

第一,要求学生必须对健美操这项运动有一个深刻的了解,这样便于教学活动的顺利开展。

第二,学生进入教学活动的角色较慢,教师需要耐心地进行引导。

（六）选择式体育教学模式

1.建立背景

如今,在我国高校体育教学中,存在着大量的选项课,选项课这一形式对于高校体育教育质量的提高起到了非常重要的作用。选项课的教学模式符合以学生为主体的教学理念,强调依据学生自身的兴趣和爱好自由选择课程进行学习,通常能取得良好的教学效果,这一模式受到教育者的高度重视。

2.指导思想

选择式教学模式能充分发挥学生的自主性,学生可以依据自身的特点和实际自主选择学习内容、学习进度、学习伙伴和学习难度等,最大程度激发学生学习的积极性,能很好地培养学生自觉参与体育学习和锻炼的意识与习惯。

3. 操作程序

在健美操教学中,选择式体育教学模式的操作程序如图 5-6 所示。

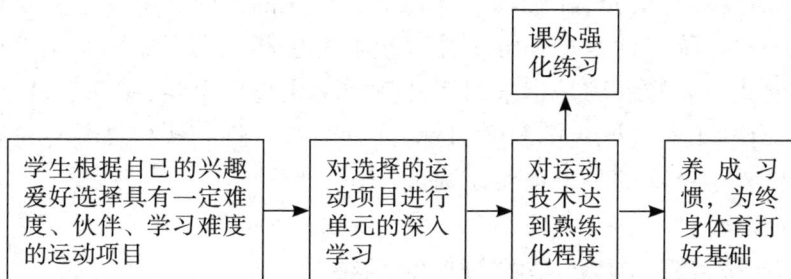

图 5-6 选择式体育教学模式的操作程序

4. 主要优缺点

（1）优点

①学生可以依据自身的特点和兴趣自主选择学习内容,非常符合"以人为本"的基本教学理念,符合现代教育的要求。

②通在这一教学模式下,学生学习的自觉主动性、学习态度、心理素质、意志品质等都能得到很好的培养,学生也能建立良好的责任意识。

（2）缺点

①这一教学模式对于那些有运动兴趣的学生具有积极的作用,但对于那些没有运动兴趣的学生则没有效果。

②受技术难度、运动量以及考核评价等方面的影响,学生学习健美操可能会存在一定的功利性,可能会影响健美操教学的效果。

第二节 健美操教学模式的科学构建

在选择与构建健美操教学模式的过程中,需要遵循一定的原则和步骤,这样才能保证教学模式构建的科学性和有效性。

一、健美操教学模式构建的原则

(一)统一性与多样性并存

为促进健美操教学质量的提高,必须要构建多样化的教学模式体系,但需要注意的是,在强调教学模式多样化的同时还要注意教学模式的统一性。统一性是指在继承体育教学思想和成功经验的基础上设计教学模式。多样性则是指采用多种教学模式进行教学,相互促进,优势互补,有利于实现既定的教学目标。因此,统一性与多样性并存是构建健美操教学模式的一个重要原则。

(二)教学目标、内容、结构与功能相统一

健美操教学模式的选择与构建在一定程度上影响着教学质量的提高,因此在构建教学模式的过程中一定要处理好各方面的关系,如教学形式与教学内容、教学结构与功能等方面的问题。只有将各方面的关系处理好了才有可能构建出合理的教学模式。因此,体育教师在构建教学模式的过程中要全面分析体育教学系统中各要素之间的关系,做到教学目标、教学内容、教学结构等多方面的统一,如此才能构建出科学合理的教学模式。

(三)借鉴和创新相统一

在构建健美操教学模式的过程中还要严格遵循借鉴与创新的基本原则。借鉴主要指的是借鉴国外先进的教学模式理论与发展经验为我所用,同时还要结合国内教学的具体实际做好结合与创新,这样才能构建出适合我国教学特色的教学模式。

在当今社会发展的背景下,我们不能故步自封,要加强与国内外的沟通与交流,引进先进的教学模式,吸取失败的教训,少走弯路,推动我国健美操教学的进一步发展。在今后的发展中,我们要以正确的体育教学思想为指导,革新落后的教学模式,借鉴和吸收前人的经验,创新出有利于健美操教学质量提高的教学模式。

二、健美操教学模式构建的步骤

在构建健美操教学模式的过程中还需要遵循一定的步骤,按照既定的步骤展开健美操教学模式的设计能保证其科学性、合理性。一般来说,健美操教学模式构建的步骤如下所述。

(一)确立指导思想

构建教学模式的步骤中,确立指导思想可以说是第一步,这一步非常关键,可以说直接决定着教学模式构建的方向。以往,我国的学校体育教育一直奉行"健康第一"的教学指导思想,后来伴随着学校教育改革的进行,"以人为本""终身体育"等教学思想也不断涌现出来,极大地丰富了体育教学思想体系,健美操教学模式的设计要以这些教学思想为指导,合理有序地展开各项活动。

(二)明确目标内涵

确立了指导思想后,还要明确教学目标,教学目标的设置非常重要,因为"目标引领内容",只有在目标的指导下才能确定合适的教学内容。一般来说,健美操的教学目标主要分为课程总目标、学习目标和水平目标三个部分。在构建体育教学模式的过程中,要明确这一目标体系,这样才能保证教学模式构建具有一定的可操作性,构建出的教学模式与教学目标相符,从而有利于健美操教学活动的顺利开展。

(三)分析教学情境

受地域、经济、气候、教育水平等各方面因素的影响,我国各地区的学校体育教学存在着较大的差异,对于各地区各学校的健美操教学也是如此。因此,我们在构建健美操教学模式的过程中,还要具体分析教学情境。教学情境的分析可以从以下两方面进行。

一方面,要充分调查与分析学生的年龄、特征、运动基础、学习态度、体育需求、学习能力等因素,以便对学生的实际情况有一个很好的把握。

另一方面,要充分考虑健美操教学的各项客观要素,如教学场地、教学设施、师资力量等方面。这些方面的要素都能为健美操教学模式的构建提供良好的基础。

(四)选择教学内容

健美操教学模式的选择与构建还需要结合教学内容进行,因此,合理地选择与创编健美操教学内容也是非常重要的。健美操教学内容的选择与创编需要注意以下要求。

第一,要保证健美操教学内容的丰富性,学生可以根据自己的爱好自由选择。

第二,要保证健美操教学内容具有一定的可替代性,这有利于教学活动的顺利开展,也有利于教学模式的创编。

第三,教学内容要能为学生的全面健康发展而服务,同时还要注重教学内容的健身性、趣味性等,结合这些教学内容创编出良好的教学模式。

(五)创设运作程式

创设运作程序是构建健美操教学模式的最后一步,这一步骤具有实践性的特点。这一步骤的实施对于健美操教学效果的优化具有重要的作用。一般情况下,这一环节主要包括安排教学顺序、选用教学方法与手段、组织课堂教学活动等内容。

总之,只有做好以上几个环节的工作才能设计出理想的健美操教学模式,才能推动健美操教学质量的提高。

第三节　健美操教学模式改革的建议

在新的教育背景下,加强健美操教学模式的改革是十分有必要的。为了更好地创新出有效的健美操教学模式,促进健美操教学模式体系的进一步完善,特提出以下建议。

一、加强学生主体意识的培养和提高

在传统教学模式下,教师在教学过程中处于绝对的主导地位,整个教学过程完全由体育教师来控制,学生在教学过程中处于被动地位,学习都属于被动式的学习。通常情况下,只重视学生健美操技能的培养,忽视了学生的个性发展和能力的培养。

伴随着现代教育的不断发展,传统教学中的师生关系发生了一定的变化,师生在教学中的地位也发生了一定的改变。以往的"教师中心论"成为过去式,学生成为教学中的重要主体,一切教学活动都要围绕学生开展。伴随着这一情况的改变,体育教学模式也要相应地发生改变。以往的以教师为中心的教学模式要向以学生为主体的教学模式转变。学生在教学中处于绝对的主体地位,强调学生创新能力、自学能力等的培养,同时这也能促进学生的个性化发展,这是以往旧有的教学模式不具备的功能。因此,加强学生主体意识的培养,促进学生的个性化发展可以作为健美操教学模式改革的一个重要方向。

二、加强演绎型教学模式的更新与发展

一般来说,教学模式的形成主要包括归纳法和演绎法两种。归纳法是最为常见的一种,而演绎法则是从一种思想或理论假设出发,设计而成的一种教学模式,这一教学模式从理论假设开始,形成于演绎,非常重视科学的理论基础。

演绎教学模式非常强调科学理论作指导,通过这一模式的利用,能为预期教学目标的实现奠定良好的基础。可以说演绎型教学模式是教学模式发展的一个重要趋势,因此在今后的健美操教学中也要顺应时代的发展趋势,加强这方面的改革与发展,通过这一模式的利用,推动健美操教学质量的提高。

三、开展俱乐部模式,延伸体育课堂教学

伴随着现代体育运动的发展,社会上出现了大量的俱乐部,这些俱乐部包括职业俱乐部和业余俱乐部两种形式。如今,职业体育俱乐部与市场接轨,获得了高度化的发展。而业余体育俱乐部的建立则为人

们参加体育运动健身提供了良好的途径。为促进学生健美操运动水平的提升,让更多的学生喜爱上这一项运动,可以采用健美操俱乐部的模式,吸引大量的学生加入其中。在俱乐部中,学生能充分发挥自身的个性,自由地参加健美操运动锻炼。这一模式可以说是健美操课堂教学的有益补充,能满足学生学习健美操的多种需求,能为学生提高健美操运动水平提供多种选择和可能。因此,在未来的改革中,这一模式值得重视。

四、教学模式中贯彻"以人为本"的基本理念

目前,我国各学校基本都实行了选项课教学模式,通过选项模式的改革,进一步拓展了课程的目标。在这一教学模式下,学生的身体素质、心理素质以及专业运动技能等都得到了有效的培养和提高。在健美操教学中,还要求学生通过反复不断地练习逐步提高自己的专项技能,充分贯彻与落实"以人为本"的教学理念,提高健美操教学的科学性。

除此之外,在健美操教学过程中,在利用各种教学模式进行教学时,还要将人文素质教育融入其中,进一步提高学生的心理水平,促进学生的个性化发展。在这一教学模式下,学生的健美操运动水平能得到很大的提升,同时体育综合素养也能得到全面的发展。

五、加强体验式教学的应用

体验式教学非常注重学生在学习过程中的感受与体验,学生可以将自己的学习体会与同伴进行一定的分享与交流,在这一过程中学生能积累到大量的学习经验,将这些经验充分运用于学习之中,又能进一步提升自己的学习能力。由此可见,体验式教学模式具有良好的效果。

在健美操教学中,学生是重要的主体,一切教学活动的开展都要围绕学生进行,在健美操教学中要高度重视学生主体性的发挥,要引导学生深入学习与理解健美操知识,同时采取各种先进的教学方法培养和提高学生的实践能力,实现学生素质与能力的高度转换。在这样的条件下,学生的健美操知识与技能水平才能得到有效的发展和进步。

六、适当地采用导师制教学管理模式

为进一步提升健美操教学的质量和效果,促进现有的教学模式的充分利用,还可以采用导师制教学管理模式,充分利用教师的专项能力组织教学活动。在教师的带领下,有机融合健美操课内技能实践、课外技能管理,不断提升学生的健美操技能水平,促进学生的全面发展。课内外一体化的教学模式如今得到了充分的利用,这一模式对于学生自觉养成健美操练习习惯具有重要的作用,能有效地提高学生的健美操运动水平。

第四节 创新健美操教学模式设计与应用

一、健美操教学模式的创新对策

发展至今,体育教学模式已逐渐形成了一个较为完善的体系,各种教学模式在健美操教学中都得到了一定的利用。为促进健美操教学质量的进一步提升,还需要不断革新教学模式,以适应不断发展着的健美操教学需求。

(一)大力培养学生的综合能力

健美操教学的价值异常丰富,这些价值主要表现在增强学生身体素质,提升学生心理水平,丰富学生体育理论知识,提高学生运动技能等多个方面。这非常符合当今素质教育的基本要求。因此,学生在学习健美操的过程中要注重自身各方面素质的发展。在构建健美操教学模式的过程中,也要十分重视学生以上综合能力的培养,制定的教学模式要有利于学生各项素质的发展。这是健美操教学模式创新的一个重要方向。

(二)注重设计及利用先进的网络技术

健美操教学模式的创新与发展离不开相关人员教学设计能力的提高。健美操教学设计涵盖各方面的因素,如学校、学生、社会需求等都是非常重要的因素。在设计的过程中,要充分利用学校丰富的资源优势,为学生创造一个良好的学习环境。

如今,各种先进的网络技术在体育教学中得到了非常广泛的利用,通过网络技术,健美操教师极大地提升了自身的教学能力,学生也从中获得了发展和进步。通过各种网络技术的利用,也能创新出符合时代发展的健美操教学模式,从而提升健美操教学的质量。

(三)注重健美操教学模式实施效果的评价

作为一名合格的健美操体育教师,还要具备设计教学模式的能力,体育教师要结合具体的教学实际和健美操教学的规律与特点等设计出合理的教学模式。需要注意的是,除了注重教学模式的设计外,还要重视对教学模式的评价,只有通过评价,通过各种反馈信息,才能评测出教学模式的效果,根据这些反馈信息不断优化与改善教学模式。健美操教师要十分清楚各类教学模式所对应的目标,从而设计出合适的评价目标。因此,注重健美操教学模式效果的评价也是体育教师设计教学模式所必须要重视的,这有利于教学模式的创新与发展。

(四)坚持健美操教学模式借鉴与创新的结合

在创建健美操教学模式的过程中,还需要坚持教学模式借鉴与创新的结合,这样才能设计出先进的教学模式。借鉴与创新的结合主要是指,体育教师应加强理论知识的学习,重视最新的体育教学模式的研究动态,积极借鉴与吸收国内外的先进教学模式理论与发展经验,进行各种创新的尝试。

(五)加强健美操教学模式的信息化建设

加强健美操教学模式的信息化建设也是一个非常重要的创新对

策。健美操教学模式的信息化建设主要涉及以下内容。

（1）各高校之间建立一个教学资源共享平台，加强健美操教学信息资源的联系与共享，从而实现借鉴与创新的目标。

（2）充分利用多媒体手段，为健美操教学模式的构建与应用提供技术支持。

（3）完善选课信息平台建设，为加强健美操教学模式的建设提供良好的信息环境。

二、现代教育背景下创新的健美操教学模式的应用

在现代教育背景下，加强健美操教学模式的创新与发展非常重要，通过多种科学的教学模式的利用，能有效促进健美操教学质量的提高。如今，多种创新的教学模式在健美操教学中得到了充分的运用。下面就重点阐述几个创新的教学模式在健美操教学中的运用。

（一）多媒体教学模式

如今，整个人类社会可谓进入了一个信息化发展的时代，各种信息化技术得到了广泛的利用，在体育教学中，数字化多媒体系统集成应用为主是多媒体教学的新发展趋势。

多媒体教学开展的场所主要是多媒体教室，多媒体教室主要由多媒体计算机、多媒体液晶投影仪、数字视频展示台、中央控制系统、投影屏幕、音响设备等多种现代教学设备组成。通过这些多媒体技术和设备的支持，可以在演示型多媒体教室完成多媒体教学、专题演讲、报告会、学术交流、演示及娱乐等多种教学活动。

在健美操教学中，多媒体手段主要运用于健美操理论教学之中，应重点做好以下两个方面的工作。

（1）建立完整的多媒体教学系统，通过录像、图片、flash 等的引入，合理使用各种教学媒体，实现各教学媒体作用的最大化，为教学服务，使教学更加生动、形象。

（2）借助多媒体，建立校园网，为学生了解健美操知识与信息提供更多的便利，同时还要为师生互动提供良好的沟通的平台。

(二)移动网络教学模式

目前,常用的移动网络教学模式主要有以下三种,体育教师可结合具体的健美操教学需求选择与应用。

1. 基于手机短信的移动教学模式

如今,手机早已成为人们一个必不可少的信息交流工具,打破了传统的书信、当面交谈的时空限制,使得人与人之间的交流更加便捷。

在新的时代背景下,将手机通信引入教学是移动信息技术在教学领域的大胆创新应用,具体教学操作形式为,教师发布教学通知及相关内容,学生对学习情况的反馈与教师的再反馈(师生互动),在线测评与信息查询。

基于手机短信的教学活动的开展对信息技术的应用要求比较简单,只需要一个具有短信收发功能的移动终端就可以实现。

2. 基于 App 的移动教学模式

新时期,各种社交 App 的发明和应用,促进了信息交流的爆发式增长,除了可以依托社交 App 开展体育教学组织与交流活动,与此同时,各种教育类的 App 也层出不穷,这也为基于 App 的移动教学提供了更多的便利。

以微信在教学中的应用为例。新出现的微信公众平台"VR 程序设计"是为大学生顺利通过计算机二级考试开设的一门程序设计类课程。在微信平台上,学生分组创建微信群,各小组邀请教师加入,同时,所有学生和教师在一个公共群内,借助新课程模式,教师使用微信向每一位学生推送课程资源,学生可以随时、反复学习,在公共群学习讨论,在微社区发帖、回帖讨论,有效促进了师生之间的互动与交流,这对于健美操教学质量的提高具有非常重要的意义和作用。

3. 基于校园网的准移动教学模式

校园网是基于互联网应用,集相关软件与硬件于一体的为学校提供教育教学服务、科研与教学管理的计算机局域网络系统。发展到现在,大部分的学校都建立了自己的校园网络,除了学校建设的校园网教学系统外,还有学生自发创建的校园网络交流的贴吧和个体与俱乐部自己的网站。这些网络平台为体育教师的网上教学活动和课外交流提供了良好的条件。

对于体育教师来说,开展网上健美操教学,应熟悉校园网的进入、板块、交互、推出等技术,并结合校园网站所提供的网络教学环境特点、学生特点、教学目标来有针对性地设计教学模式板块,应尽量详尽。尤其是在发生疫情的特殊时期,网络教学手段的利用显得更为迫切和重要。

(三)结构—定向教学模式

1. 模式解析

结构—定向教学模式是结构—定向教学理论形成与发展的产物,这一教学模式主要包括以下两个方面。

（1）结构化教学

结构化教学是指为促进学生"发生预期变化"及促进学生心理发展的教学,其要求将"构建学生的心理结构"作为教学的中心。

（2）定向化教学

学生的心理结构对教学效果有很重要的影响,依据学生的心理结构形成规律、特点而开展定向教学工作,以定向培养学生,从而提高教学效果的教学过程就是定向化教学。这一观点在体育教学中主要表现为学生在技术动作学习中认知结构和动作技能的形成过程。

2. 应用流程

可以将"结构—定向"教学模式应用于健美操教学中,其教学模式的程序如图 5-7 所示。

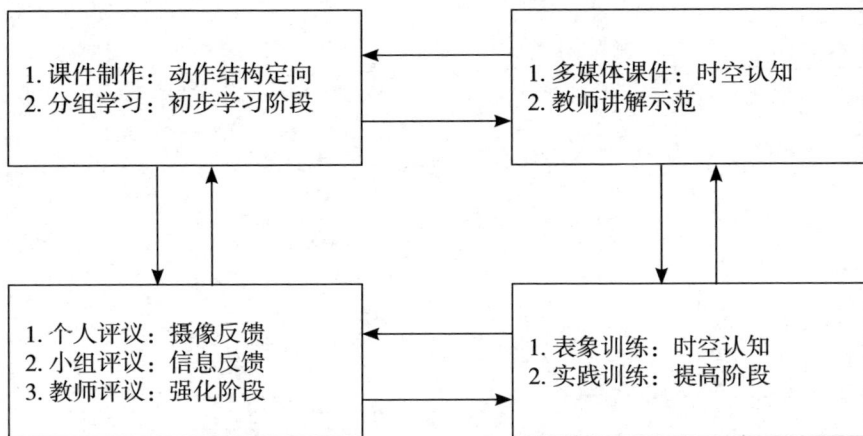

图 5-7　结构—定向教学模式的程序

将结构—定向教学模式运用到健美操教学中,需要注意以下几个环节。

（1）细致分析与设计健美操教学目标。

（2）确定健美操的动作定向,创设良好的学习情境,优化教学组织活动。

（3）组织各个小组相互学习与促进。

（4）反馈—矫正环节对多种反馈方式进行综合运用。

（5）强化练习设计。

第六章

健身健美操技术学练方法设计

　　健身健美操是健美操的一个重要类型,其有着非常广泛的群众基础,这与其易开展、对场地器材的要求较低等特点有着密切的关系。健身健美操,顾名思义是具有健身价值的健美操,这也是其最为显著的特点。关于健身健美操,很多人的了解还不够全面,本章就对健身健美操的基本知识、基本动作、套路动作,以及"有氧舞蹈"训练方法进行分析和阐述,为健身健美操的发展提供理论和实践方面的科学指导。

第一节　健身健美操基本知识学习

一、健身健美操的概念与分类

（一）健身健美操的概念

目前,对健身健美操的通常理解为,其是健美操的一个类型,与竞技健美操处于并列地位。由此可见,健身健美操就是我们通常所说的大众健美操,它是学校健美操、竞技健美操的基础,是一种集健身、娱乐、防病于一体的群众性的普及性运动。

健身健美操对参与者没有特殊的要求,不同年龄段的人们都可以参加学习和锻炼。健身是健身健美操最为显著的价值所在。通过参与健身健美操运动,能够有效锻炼身体,增强体质,促进身体全面发展,提高学习能力,还能在欢快娱乐的操舞中调节身心,陶冶情操。

健身健美操是以身体锻炼为基本手段,跟随着音乐的伴奏进行的一种增进身体健康、愉悦身心的一项体育健身运动项目。健身健美操动作风格极具表现力,动作中带有活力。

健身健美操的风格以操化动作的表现为依据,配合不同的音乐节奏来确定的。总体来说,健身健美操动作风格是比较固定的,具体要根据音乐来确定。比如,拉丁风格的音乐就完成相应拉丁风格的健身健美操动作,有氧操音乐就完成具有活力、积极向上的动作即可,而现在多数健身健美操还会在一套动作中搭配两种风格的音乐和操化动作,变化多样。

（二）健身健美操的分类

健身健美操的分类如图 6-1 所示。

健身健美操
- 按性别划分
  - 男子健美操
  - 女子健美操
- 按年龄划分
  - 老年健美操
  - 中年健美操
  - 青年健美操
  - 少儿健美操
  - 幼儿健美操
- 按人数划分
  - 单人健美操
  - 双人健美操
  - 三人健美操
  - 六人健美操
  - 集体健美操
- 按人体解剖部位划分
  - 颈部健美操
  - 肩部健美操
  - 手臂健美操
  - 胸部健美操
  - 腹部健美操
  - 髋部健美操
  - 腿部健美操
- 按动作风格划分
  - 拳击健美操
  - 搏击健美操
  - 拉丁健美操
- 按目的划分
  - 形体健美操
  - 减肥健美操
  - 保健健美操
  - 康复健美操
  - 产后健美操
- 按练习形式划分
  - 徒手健美操
  - 器械健美操

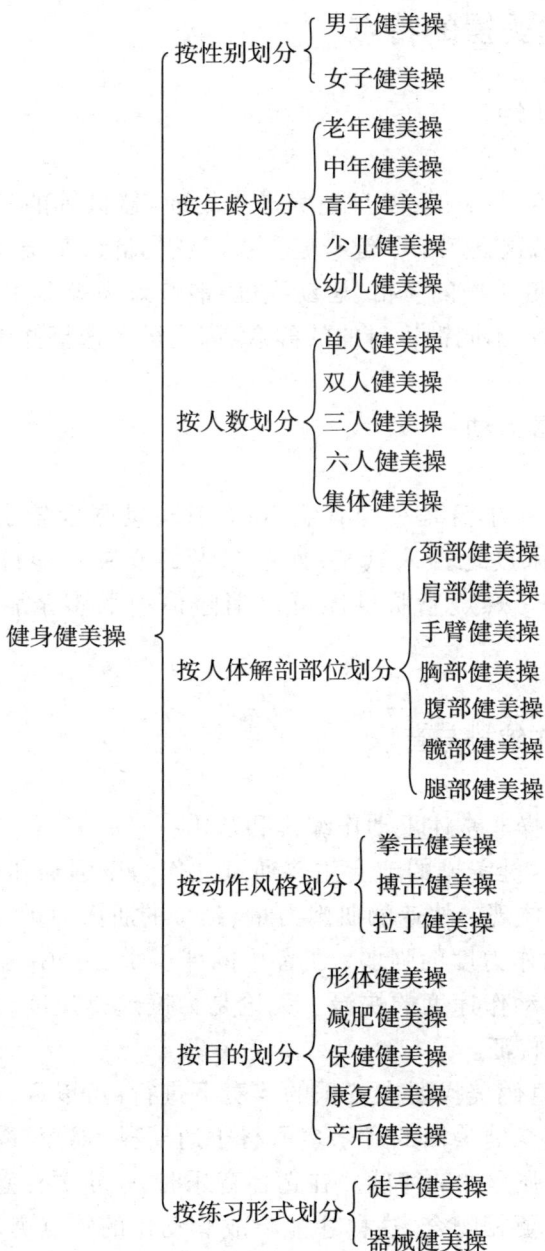

图 6-1　健身健美操的分类

二、健身健美操的特点

(一)参与广泛性

（1）从总体上来说,健身健美操受场地、器械等的影响非常小,开展的空间很大,这就赋予了健身健美操广泛的群众基础。

（2）健身健美操的风格、运动强度、锻炼效果等多样化,因此,不同性别、不同年龄、不同锻炼目的的群众,都是可以选择并参与进来的。

(二)一种有氧运动

健身健美操本身是一种有氧运动,其运动强度较小,通过运动锻炼,能够最大限度地摄入氧气,使参与者的心肺功能得到增强,身体健康得到提升;燃烧脂肪供能可以消除体内的多余脂肪,改善身体形态。

(三)注重动作编排与音乐

健身健美操非常注重动作编排和音乐。

首先,健身健美操的节奏主要通过动作力度强弱和速度快慢的规律性变化进行体现。快速的肌肉力量、延缓的肌肉力量、瞬间的肌肉控制力量体现动作力度的强弱;在音乐的伴奏下,一拍一动、一拍两动、两拍一动体现动作速度的快慢。无论是力度还是速度,都体现了健身健美操的力量特征。

其次,健身健美操要在音乐的伴奏下进行,可以说,音乐就是它的灵魂。现代健身健美操的音乐多取材于迪斯科、摇滚、爵士等,这就给予练习者一种强烈的韵律感。在选择音乐时,一定要注意,音乐的风格与动作的风格要相吻合,这样才能将成套动作的特点突出出来,同时,还能有效激发练习者的激情,使他们不容易产生心理疲劳,而且在练习过程中得到美的享受。另外,音乐也能赋予健身健美操动作上更强的观赏性。

三、健身健美操的功能

(一)增强生理功能

1.身体机能方面

（1）健身健美操的一些筋部动作（如顶筋、绕筋等）和腰腹动作（如屈、转、绕环等）都会对肠胃等消化器官起到锻炼的作用，从而有效改善消化功能，有利于对营养物质的吸收和利用。

（2）对于青少年来说，进行健身健美操锻炼，能促进软骨的生长，使身高问题在一定程度上得到改善。坚持健身健美操锻炼，还能使关节面骨密质增厚，关节周围的肌腔和韧带增粗，从而加大关节的稳固性，预防关节损伤的发生。

（3）青少年学生参加健身健美操运动，在动感十足、富于节奏的音乐伴奏下，动作的类型、速度、方向、力度、路线等不断地发生着变化，这就会促使青少年学生集中注意力、积极再现、快速反应，这对于其神经系统的灵活性和均衡性的改进是有帮助的。

（4）健身健美操属于有氧运动，其供能方式主要是以有氧代谢为主，因此，经常性地进行健身健美操运动锻炼，能使练习者的呼吸深度加大，肺通气量增加，肺部的容积增大，提高呼吸系统的机能水平。

（5）经常参加健身健美操锻炼，不仅使得心肌纤维增粗，收缩力增强，而且还提高了心脏的储备力量。

2.身体素质方面

（1）经常参加健身健美操运动锻炼，能有效提高动作力度，使力量素质得到强化。

（2）经常参加健身健美操运动锻炼，能使参与者的动作速度水平得到提升，从而使其速度素质得到提升。

（3）健身健美操属于有氧运动，运动强度不大，但持续的时间较长，这就要求机体必须具备长时间运动的能力。健美操多选择曲调欢快、节奏强劲的音乐作为伴奏音乐，能够使运动神经元的工作能力保持在一定的水平上，延缓了人体疲劳的出现，无形之中提高了耐力水平。

（4）健身健美操的动作设计成上肢和下肢同步活动，躯干和下肢同步活动,以达到全方面锻炼身体的目的。同时,对于参与者身体协调性的提高也是有利的。

(5)健身健美操要求动作规范、动作幅度大,即将肢体运动到规定的位置,使肌肉处于充分拉伸或收缩的状态,这就达到了使肌肉、肌膜和韧带的弹性得以增强的效果。

(二)塑造完美身体形态功能

1. 体型方面

健身健美操在强健肌肉和雕琢人体曲线方面都有着显著的功能。通过健身健美操锻炼,可使肌纤维增粗,肌肉体积增大,从而使肌肉围度发生变化,给人以"力"的美感。此外,健身健美操通过有氧运动,还可燃烧体内的脂肪,而且也可以针对特殊部位设计动作,可以达到减少局部脂肪堆积的效果,从而使整个身体的"力"与"美"体现出来。

2. 体态方面

健身健美操对坐姿、站姿、走姿等都有着严格的要求。例如,在站立姿态中,要求头正直、两眼平视、下颌微收、两肩下沉、挺胸、收腹、立腰、夹臀、提气等。要做到这些要求,就能使人们日常生活和工作中经常出现的溜肩、驼背、含胸等不良的形态得到改善,从而展现出一种积极向上的精神面貌,赋予人独具魅力的气质。

(三)加强精神功能

健身健美操具有强劲动感的音乐,这是其显著特点,同时,对于人们也有着极大的吸引力,以此,来调动机体随着音乐的节拍运动起来,使人们全身心地投入到舒展大方的运动锻炼中,以此,来达到有效排遣人们内心的不良情绪的目的,从而有效缓解人们工作、生活以及学习中的各种不适,缓解烦闷,释放压抑,以崭新的精神面貌面对生活和工作。

第二节　健身健美操基本动作学练

一、头颈动作

　　头颈动作的运动方向主要有前、后、左、右。此外,侧向也是头颈动作的重要运动方向,因此,便有了侧前、侧后、侧上、侧下等。

　　头颈动作主要包括屈、转这两种内容。其中,进行屈的动作学练时,要注意身体保持正直,动作要缓慢进行,不宜过快,使颈部肌肉得到充分伸展。进行转的动作学练时,要保持头的正直,下颌的左右转动要保持平稳状态。具体有左转和右转两种形式,可以进行反复多次练习。

二、躯干动作

　　在健身健美操中,躯干部位是所有动作中最富表现力的,胸、腰、髋等都属于躯干的范畴,因此,躯干动作便涉及这三个部位。

(一)胸部动作

　　胸部动作主要包括含胸、展胸、捶胸、移胸、振胸。

　　1.含胸、展胸学练

　　进行含胸学练时,要使身体处于放松状态,但要注意不是松懈。

　　进行展胸学练时,身体保持紧张状态,但要注意不是僵硬。

　　在进行含胸和展胸动作的学练时,可以将手臂动作加进去,比如,常见的有手臂胸前平屈含胸、手臂侧平举展胸等动作的练习。

　　2.移胸、振胸学练

　　进行移胸动作学练时,要保证髋部位置的固定,同时,胸部要在腰腹部的带动下移动。

　　进行振胸动作学练时,要保证胸部是朝一个方向进行摆动的。振胸具有显著的弹性、节奏性特点。

比较常见的学练动作主要有提肩移胸、手臂侧平举移胸、举臂振胸等，要反复多次进行练习。

（二）腰部动作

腰部动作包括屈、转、绕和绕环、波浪。

1. 屈学练

进行腰部屈的动作学练时，腰部向前或向侧做拉伸运动。注意伸展要充分，运动速度要慢一些，不能太快。屈的形式有很多种，比如，体前屈、体侧屈、体后屈，可以反复多次练习。

2. 转学练

进行腰部转的动作学练时，要用腰部带动身体沿垂直轴左右转动。在学练过程中，要使身体保持紧张但不僵硬的状态，腰部能够灵活转动。转的形式有很多种，通常会与上下肢动作相结合来加以练习，比如常见的迈步移重心与转腰结合运动等，可反复多次练习。

3. 绕和绕环学练

进行腰部绕与绕环的动作学练时，腰部要做弧线或圆周运动。学练过程中，一定要保证路线的清晰和动作的圆滑。绕与绕环也有很多种形式，比如，一手头后屈，一手叉腰，做腰部绕环运动。通常，绕与绕环学练会与手臂动作相结合进行反复多次练习。

4. 波浪学练

进行腰部波浪动作学练时，两腿开立，从头开始，颈、胸、腰、髋各关节依次向侧屈伸，要将其连贯波浪的形式体现出来。在学练过程中，各部位必须有顺序地依次屈伸，在动作上要做到清晰连贯，过渡要自然，不能有生硬的感觉。通常，可以与手臂动作结合起来进行反复练习。

（三）髋部动作

髋部动作包括顶髋、提髋、摆髋、绕和绕环。

1. 顶髋学练

进行顶髋学练时，上体要保持正直，顶髋要用力，并且要将节奏感表现出来。顶髋的具体形式有很多种，通常会与上肢动作结合起来进行，比如，体前交叉顶髋、两臂侧平举顶髋、双手叉腰顶髋等动作，可以反复多次练习。

2. 提髋学练

进行提髋学练时,要注意髋与腿部是协调向上的。在学练过程中,要将提髋动作与手臂动作配合起来进行反复练习。

3. 摆髋学练

在进行摆髋动作的学练时,注意腰部要配合髋部动作,并保证腰部是在髋部的带动下协调摆动的。在学练过程中,比如,两臂侧平举随髋摆动、两臂上举随髋摆动等动作可以进行反复多次练习。

4. 绕和绕环学练

在进行髋部绕和绕环动作的学练时,髋部做弧线或圆周运动,同时还要保证运动轨迹的圆滑。在学练过程中,两臂上举髋部绕环、两臂前举髋部绕环等动作可以进行反复多次练习。

三、上肢动作

健身健美操的上肢动作,主要包括手型和手臂动作。

(一)手型

手型的变化是比较多样的,不仅基本的拳、掌能进行进一步的细分,还有其他的几种特殊的手型。在健身健美操中,通过手型的变化,能够使单调的手臂动作得到进一步的丰富和充实,使手臂动作的变化性和审美性更加显著,除此之外,这对于动作力量性的加强也是非常有利的。

1. 拳

健身健美操中的拳,通常可以分为实心拳和空心拳两种(图 6-2、图 6-3),二者的区别主要在于拳心有无空隙。

 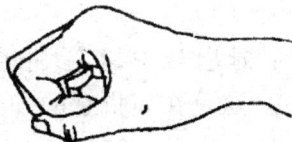

图 6-2　实心拳　　　　　　　图 6-3 空心拳

2. 掌

健身健美操中的掌,有并指掌、分指掌、屈指掌三种形式,其中,大拇指指关节弯曲内扣,其余四指并拢伸直的为并指掌(图6-4);五指用力分开,并伸直的为分指掌(图6-5);介于上述两者之间,且五指自然弯曲的,则为屈指掌(图6-6)。

图6-4　并指掌　　　　图6-5 分指掌　　　　图6-6 屈指掌

3. 其他手型

除了上述三种基本的手型之外,健身健美操中还会有一些特殊手型,具体如下。

西班牙舞手型:五指分开,小指内旋,拇指稍内收(图6-7)。要注意与分指掌的区分。

剑指:食指和中指并拢伸直,拇指、无名指小指内收(图6-8)。其是在并指掌的基础上变化而成的。

图6-7　西班牙舞手型　　　　图6-8 剑指

"V"指:食指与中指伸直并尽力分开,其他三指则蜷起来(图6-9)。

响指:拇指与中指、食指摩擦后,中指击打大鱼际处产生响声(图6-10)。这是在屈指掌的基础上变化而来的。

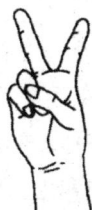 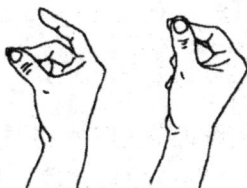

图 6-9 "V"指　　　　图 6-10 响指

（二）手臂动作

健身健美操中的手臂动作主要有举、屈伸、绕和绕环。

1.举学练

进行手臂举的动作学练时，以肩关节为轴，臂的活动范围不超过180°并停止在某一部位。在手臂举的学练过程中，一定要保证动作到位、路线清晰、有力度。健身健美操中，手臂的举的动作形式有很多种，比如，有前举、上举、前上举、前下举、侧举、下举、侧下举、侧上举、后下举等，可以反复多次练习。

2.屈伸学练

进行手臂屈伸的学练，即为肘关节由弯曲到伸直或由伸直到弯曲。在学练过程中，一定要做到关节有弹性地屈伸。健身健美操中手臂屈伸的形式有很多种，比如，胸前屈、胸前平屈、肩侧屈、肩侧上屈、肩侧下屈、胸前上屈、腰侧屈、头后屈等，可以反复多次进行练习。

3.绕和绕环学练

进行手臂的绕和绕环动作学练，就是两臂或单臂以肩为轴做弧线运动。学练过程中，一定要保证路线清晰，起始和结束动作位置明确。健身健美操中手臂绕和绕环的形式主要有两臂或单臂向内、外、前、后绕或绕环，可以反复多次练习。

四、下肢动作

健身健美操的下肢动作主要分为无冲击动作、低冲击动作以及高冲击动作三种，每一种又可以进一步细分为多种动作。

（一）无冲击动作

1.半蹲学练

进行半蹲学练时,一定要将身体重心置于两腿之间,屈膝时,膝关节与脚尖的方向是一致的,要注意膝关节不能超过脚尖的位置,下蹲时身体要稍向前倾。健身健美操中半蹲的主要形式有并腿半蹲、迈步半蹲、迈步转体半蹲等多种,可以反复进行多次练习。

2.弓步学练

弓步有两种,一种是双腿弓步(两腿前后开立,两脚距离与髋同宽,脚尖朝前,两腿同时屈伸);另一种是单腿弓步(一腿屈膝,另一腿伸直)。在学练过程中,要将身体的重心置于两腿之间,前腿膝关节弯曲要控制在90°以内,膝关节要保持在脚尖之后。健身健美操中弓步的具体形式有原地前后弓、原地左右弓步、转体弓步等,可以反复多次练习。

（二）低冲击动作

在健身健美操的编排中,低冲击动作是运用最多的一种动作类型。

1.踏步学练

进行踏步动作学练时,两腿要依次抬起并依次落地。在下落时,要借助膝、踝关节做好缓冲,避免运动损伤的产生。健身健美操中踏步的具体形式有多种,如踏步转体、踏步分腿、踏步并腿、弹动踏步等,要反复多次练习。

2.并步学练

进行并步动作学练时,一定要借助膝、踝关节来做好弹动缓冲,重心过渡时一定要保持平稳,切忌忽高忽低。健身健美操中并步的形式有多种,比如,左右的并步、前后的并步、向两侧的并步、转体的并步等,可反复多次练习。

3.走步学练

进行走步动作学练时,要借助膝、踝关节做好落地的弹性缓冲,上体在协调摆动时要将节奏感表现出来。健身健美操中走步的具体形式有:向前向后走步、向侧前和侧后走步、向左右转体或弧线走步等,需要反复多次练习加以掌握。

4.吸腿学练

进行吸腿动作学练时,上体要保持正直姿态,动作要到位,比如,大腿抬起的幅度要达到与地面平行,小腿自然下垂,绷脚尖。健身健美操中吸腿的具体形式有很多种,比如,向前吸腿、向侧吸腿、迈步吸腿、上步吸腿、向侧前吸腿、转体的吸腿等,需要反复多次练习加以掌握。

5.一字步学练

进行一字步动作学练时,要注意偶数拍都有并步,落地时,要借助膝、踝关节来进行有弹性的缓冲。健身健美操中一字步的具体形式有很多种,比如,向前向后的一字步、转体的一字步等,需要反复多次练习加以掌握。

6.V字步学练

进行 V 字步动作学练时,要注意两脚开立的距离比肩宽要大,身体的中心放在两腿之间,屈膝时膝关节的朝向与脚尖方向一致。健身健美操中 V 字步的具体形式有倒 V 字步、转体 V 字步、跳跃 V 字步等,需要反复多次练习加以掌握。

7.漫步学练

进行漫步动作学练时,一定要重视重心的前后移动,同时动作上要有弹性表现。健身健美操中漫步的具体形式有转体的漫步、跳的漫步等,需要反复多次练习加以掌握。

8.迈步移重心学练

进行迈步移重心的动作学练时,下蹲屈膝时的膝关节朝向与脚尖方向是一致的,重心有明显的上下、左右移动。健身健美操中迈步移重心的主要形式有左右移重心、前后移重心、转体移重心等,需要反复多次练习加以掌握。

9.交叉步学练

在进行交叉步动作学练时,重心的移动要及时,并借助膝、踝关节来做好有弹动的缓冲。健身健美操中交叉步的主要形式有左右的交叉步、转体的交叉步等,需要反复多次练习。

10.摆腿学练

进行摆腿动作学练时,上体要保持正直。主力腿并做好屈膝缓冲,摆动腿抬起时幅度要控制在适宜的范围内,不能过大。健身健美操中摆腿的具体形式主要有向前摆腿、向侧摆腿两种,需要反复多次练习。

11. 踢腿学练

进行踢腿动作学练时,上体要保持正直姿态。主力腿脚跟始终紧贴地面,通过膝关节的微屈达到缓冲的效果。为了避免运动损伤,根据个人具体情况来确定踢腿的幅度。健身健美操中踢腿的主要形式有向前提、向侧踢、向后踢、移动中踢腿等,需要反复多次练习加以掌握。

(三)高冲击动作

健身健美操中的高冲击动作,实际上就是平常所说的跳类动作,主要有以下这几种。

1. 跑学练

进行跑的动作学练时,要注意借助膝、踝关节做好有弹动的缓冲,落地时由前脚掌过渡到全脚掌。健身健美操中的跑主要有原地跑、向前跑、向后跑、弧线跑、转体跑等多种形式,需要反复多次训练加以掌握。

2. 双脚跳学练

进行双脚跳的动作学练时,腾空的动作要到位,双脚并拢,膝盖伸直,落地时通过屈膝的方式达到缓冲效果,由前脚掌过渡到全脚掌。健身健美操中双脚跳的形式主要有原地并腿跳、向前并腿跳、左右并腿跳、转体并腿跳这几种,需要反复多次练习加以掌握。

3. 并步跳学练

进行并步调的动作学练时,身体重心的移动要快,落地时要注意做好缓冲。健身健美操中的并步跳的形式有向前并步跳、向后并步跳、向侧并步跳等,需要反复练习加以掌握。

4. 开合跳学练

进行开合跳的动作学练时,一定要借助膝关节做好落地时的缓冲,分腿落地时屈膝且朝向与脚尖方向一致。健身健美操中的开合跳的形式有原地开合跳、转体开合跳几种,需要反复练习加以掌握。

5. 单脚跳学练

进行单脚跳的动作学练时,要注意跳跃落地时通过屈膝弹动做好缓冲。健身健美操中单脚跳的具体形式有:原地单脚跳、移动单脚跳、转体单脚跳这几种,需要反复练习加以掌握。

6. 点跳学练

进行点跳的动作学练时,两脚轻松蹬地,身体重心的移动要保持平稳,膝踝的弹动也至关重要,能起到缓冲作用。健身健美操中点跳的形式主要有原地点跳、向前点跳、向侧点跳、向后点跳、转体点跳等多种,需要反复练习加以掌握。

7. 弹踢腿跳学练

进行弹踢腿的动作学练时,无双脚落地的过程,弹踢腿脚尖伸直。健身健美操中弹踢腿的具体形式有向前弹踢腿跳、向侧弹踢腿、转体的弹踢腿跳、移动弹踢腿跳,需要反复练习加以掌握。

第三节　健身健美操套路动作学练

一、一级套路

(一)组合一

1. 第一个八拍(图 6-11)

下肢步伐:右脚开始一字步 2 次。

上肢动作:1～2 拍双臂胸前屈,3～4 拍后摆,5 拍胸前屈,6 拍上举,7 拍胸前屈,8 拍放于体侧。

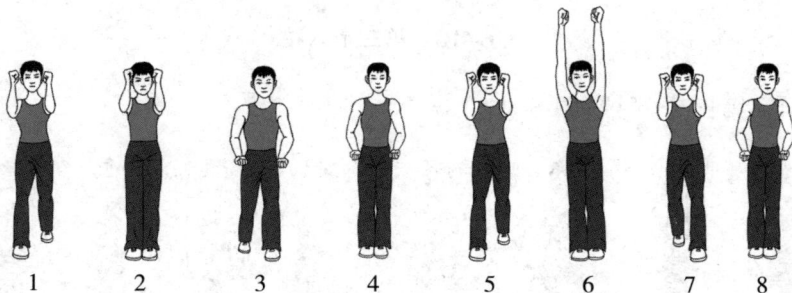

图 6-11　第一个八拍

2. 第二个八拍(图 6-12)

下肢步伐:1～4 拍右脚开始向前走 3 步吸腿,5～8 拍左脚开始向后退 3 步吸腿。

上肢动作：1～3 拍双肩经前举后摆至肩侧屈，4 拍击掌，5～8 拍手臂同 1～4 拍。

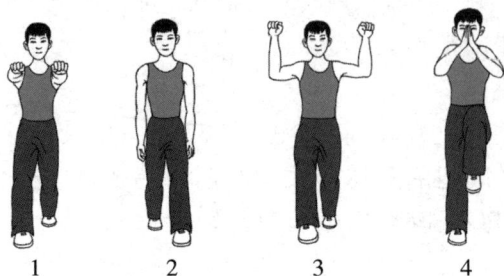

图 6-12　第二个八拍

3．第三个八拍(图 6-13)

下肢步伐：1～4 拍右脚开始侧并步 2 次，5～8 拍右脚开始连续侧并步 2 次。

上肢动作：1 拍右臂肩侧屈，2 拍还原，3 拍左臂肩侧屈，4 拍还原，5 拍双臂胸前平屈，6 拍还原，7～8 拍同 5～6 拍动作。

图 6-13　第三个八拍

4．第四个八拍(图 6-14)

图 6-14　第四个八拍

下肢步伐：1～4拍左脚十字步，5～8拍左脚开始踏步4次。

上肢动作：1～4拍自然摆动，5拍击掌，6拍还原，7～8拍同5～6拍动作。

第五至第八个八拍，动作相同，但方向相反。

（二）组合二

1. 第一个八拍（图6-15）

下肢步伐：右脚开始前点地4次。

上肢动作：1拍双臂屈臂右摆，2拍还原，3拍左摆，4拍还原，5拍右臂摆至侧上举，左臂胸前平屈，6拍还原，7～8拍同5～6拍动作，但方向相反。

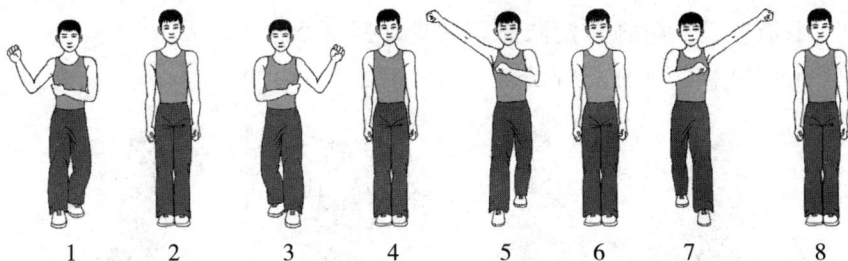

图6-15　第一个八拍

2. 第二个八拍（图6-16）

下肢步伐：1～4拍右脚开始向右弧形走270°，5～8拍并腿半蹲2次。

上肢动作：1～4拍自然摆动，5拍双臂前举，6拍右臂胸前平屈（上体右转），7拍双臂前举，8拍放于体侧。

图6-16　第二个八拍

3．第三个八拍（图 6-17）

下肢步伐：左脚上步吸腿右转转体 90°，5～8 拍右脚上步吸腿。

上肢动作：1 拍双臂前举，2 拍屈臂后拉，3 拍前举，4 拍还原，5～8 拍同 1～4 拍动作。

图 6-17　三个八拍

4．第四个八拍（图 6-18）

下肢步伐：左脚开始向侧迈步后屈腿 4 次。

上肢动作：屈肘前后摆动。

图 6-18　第四个八拍

第五至第八个八拍，动作相同，但方向相反。

（三）组合三

1．第一个八拍（图 6-19）

下肢步伐：1～4 拍右脚向右交叉步，5～8 拍左脚向右迈步成分腿半蹲。

上肢动作：1～3 拍双臂经侧至上举，4 拍胸前平屈，5～6 拍双臂前举，7～8 拍放于体侧。

图 6-19　第一个八拍

2．第二个八拍（图 6-20）

下肢步伐：1～4 拍右脚开始侧点地 2 次，5～8 拍右脚连续 2 次侧点地。

上肢动作：1 拍右臂左前举、左臂屈肘于腰间，2 拍双臂屈肘于腰间，3～4 拍同 1～2 拍动作，但方向相反，5～8 拍同 1～2 拍动作，重复 2 次。

图 6-20　第二个八拍

3．第三个八拍（图 6-21）

下肢步伐：左脚开始向前走 3 步接吸腿 3 次。

上肢动作：1 拍双臂肩侧屈外展，2 拍胸前交叉，3 拍同 1 拍动作，4 拍击掌，5 拍肩侧屈外展，6 拍腿下击掌，7～8 拍同 3～4 拍动作。

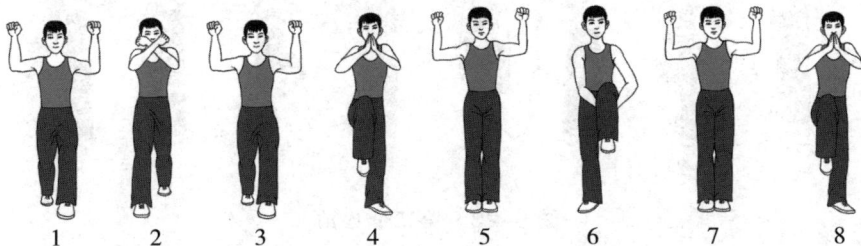

图 6-21　第三个八拍

4. 第四个八拍

下肢步伐：右脚开始向后走 3 步接吸腿 3 次。

上肢动作：同第三个八拍。

第五至第八个八拍，动作相同，但方向相反。

（四）组合四

1. 第一个八拍（图 6-22 ）

下肢步伐：1～4 拍右腿开始 V 字步，5～8 拍 A 字步。

上肢动作：1 拍右臂侧上举，2 拍双臂侧上举，3～4 拍击掌 3 次，5 拍右臂侧下举，6 拍双臂侧下举，7～8 拍击掌 2 次。

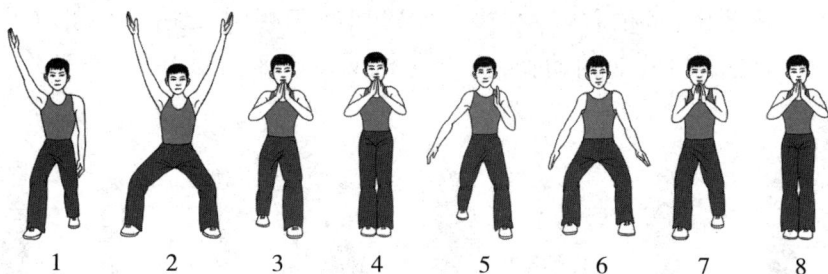

图 6-22　第一个八拍

2. 第二个八拍（图 6-23 ）

下肢步伐：1～4 拍右腿开始弹踢腿跳 2 次，5～8 拍右脚连续弹踢 2 次。

上肢动作：1 拍双臂前举，2 拍下摆，3～4 拍同 1～2 拍动作，5 拍双臂前举，6 拍胸前平屈，7 拍同 5 拍动作，8 拍还原体侧。

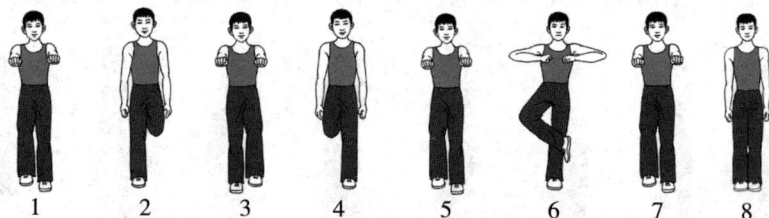

图 6-23　第二个八拍

3．第三个八拍（图 6-24）

下肢步伐：左腿漫步 2 次。

上肢动作：双臂自然摆动。

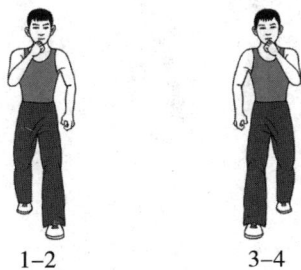

1-2   3-4

图 6-24　第三个八拍

4．第四个八拍（图 6-25）

下肢步伐：左腿开始迈步后点地 4 次。

上肢动作：1～2 拍右臂经肩侧屈至左下举，3～4 拍同 1～2 拍动作，但方向相反，5～6 拍经侧下举至左下举，7～8 拍同 5～6 拍动作，但方向相反。

1   2   3   4   5   6   7   8

图 6-25　第四个八拍

第五至第八个八拍，动作相同，但方向相反。

二、二级套路

（一）组合一

1．第一个八拍（图 6-26）

下肢步伐：1～4 拍右脚十字步，5～8 拍向后走四步。

上肢动作：1 拍右臂侧举，2 拍左臂侧举，3 拍双臂上举，4 拍下举，

5～6拍屈臂自然摆动,7～8拍同5～6拍动作。

图 6-26　第一个八拍

2．第二个八拍

动作同第一个八拍,但向前走4步。

3．第三个八拍(图6-27)

下肢步伐:1～6拍右脚开始6拍漫步,7～8拍右脚向后1/2漫步。

上肢动作:1～2拍右手前举,3拍双手叉腰,4～5拍左手前举,6拍双手胸前交叉,7～8拍双臂侧后下举。

图 6-27　第三个八拍

4．第四个八拍(图6-28)

下肢步伐:1～2拍右脚向右并步跳,3～8拍左脚向右前方做前、侧、后6拍漫步。

图 6-28　第四个八拍

上肢动作：1～2拍屈右臂自然摆动,3～4拍前平举弹动2次,5～6拍侧平举,7～8拍后斜下举。

第五至八个八拍,动作相同,但方向相反。

(二)组合二

1. 第一个八拍(图6-29)

下肢步伐：1～2拍右脚向右侧滑步,3～4拍1/2后漫步,5～6拍左脚向前方做并步,7～8拍右脚向右后做并步。

上肢动作：1～2拍右臂侧上举,左臂侧平举,3～4拍双臂屈臂后摆,5～6拍击掌3次,7～8拍双手叉腰。

1–2	3–4	5	6	7	8

图6-29　第一个八拍

2. 第二个八拍(图6-30)

下肢步伐：1～2拍左脚向左后方并步,3～4拍右脚向右后做并步,5～6拍左脚向前左侧滑步,7～8拍1/2转后漫步。

上肢动作：1～2拍击掌3次,3～4拍双手叉腰,5～6拍左臂侧上举,7～8拍双臂屈臂后摆。

1	2	3	4	5–6	7–8

图6-30　第二个八拍

3. 第三个八拍（图 6-31）

下肢步伐：1～4 拍右转 90°，右脚上步吸腿 2 次，5～8 拍左脚 V 字步左转 90°。

上肢动作：1～4 拍双臂向前冲拳、向后下冲拳 2 次，5～8 拍双臂由右向左水平摆动。

图 6-31　第三个八拍

4. 第四个八拍（图 6-32）

下肢步伐：1～4 拍左腿吸腿（侧点地）2 次，5～8 拍同 1～4 拍动作，但方向相反。

上肢动作：1 拍双臂胸前平屈，2 拍左臂上举，3 拍同 1 拍动作，4 拍还原，5～8 拍同 1～4 拍动作，但方向相反。

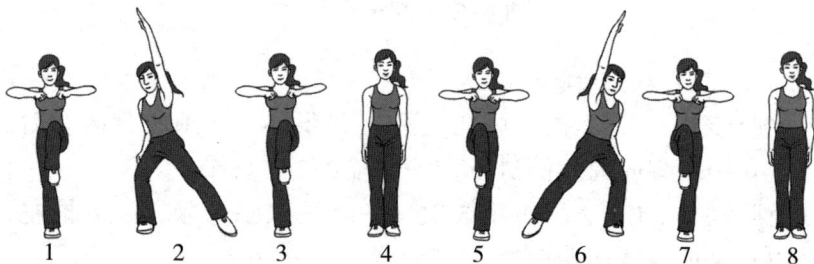

图 6-32　第四个八拍

第五至第八个八拍，动作相同，但方向相反。

（三）组合三

1. 第一个八拍（图 6-33）

下肢步伐：1～4 拍右脚侧并步跳，4 拍时右转 90°，5～8 拍左脚侧交叉步。

上肢动作：1～4拍双臂上举，下拉，5～8拍双臂屈臂前后摆动，8拍时，上体向左扭转90°，朝正前方，双臂侧下举。

图6-33　第一个八拍

2．第二个八拍（图6-34）

下肢步伐：1～4拍向右侧并跳步，4拍时左转90°，5～8拍左脚开始侧并步2次。

上肢动作：1～4拍双臂上举、下拉，5～6拍右臂前下举，7～8拍左臂前下举。

图6-34　第二个八拍

3．第三个八拍（图6-35）

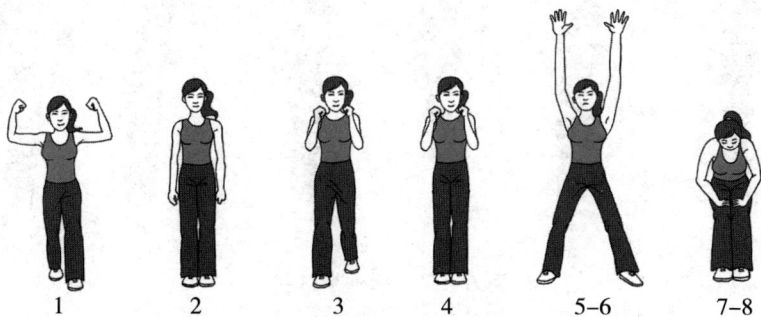

图6-35　第三个八拍

下肢步伐：1～4拍左脚向前一字步，5～8拍左、右依次分并腿。

上肢动作：1拍双臂肩上屈，2拍两臂下举，3～4拍双臂肩前屈，5～6拍双臂上举，掌心朝前，7～8拍双手放膝上。

4．第四个八拍（图6-36）

下肢步伐：1～4拍左脚向后一字步，5～8拍左、右依次分并腿2次。

上肢动作：1～2拍手侧下举，3～4拍胸前交叉，5～8拍双臂经胸前交叉侧上举1次，侧下举1次。

图6-36　第四个八拍

第五至第八个八拍，动作相同，但方向相反。

（四）组合四

1．第一个八拍（图6-37）

下肢步伐：右脚开始小马跳4次，向侧向前成梯形。

上肢动作：1～2拍右臂体侧向内绕环，3～4拍换左臂，5～8拍同1～4拍动作。

图6-37　第一个八拍

2. 第二个八拍（图 6-38）

下肢步伐：1～4 拍右脚开始弧形跑 4 步，右转 270°，5～8 拍开合跳 1 次。

上肢动作：1～4 拍屈臂自然摆动，5～6 拍双手放腿上，7 拍击掌，8 拍放于体侧。

图 6-38　第二个八拍

3. 第三个八拍（图 6-39）

下肢步伐：1～4 拍右脚向右前上步后屈腿，5～8 拍右转 90°，左脚向前上步后屈腿。

上肢动作：1 拍双臂胸前交叉，2 拍右臂侧举、左臂上举，3 拍同 1 拍动作，4 拍双手叉腰，5～8 拍动作同 1～4 拍，但方向相反。

图 6-39　第三个八拍

4. 第四个八拍（图 6-40）

下肢步伐：1～4 拍右、左侧点地各一次，5～8 拍右脚上步向前转脚跟，还原。

上肢动作：1 拍右手左前下举，2 拍双手叉腰，3～4 拍动作相同，但方向相反，5 拍双臂胸前平屈，6 拍前推，7 拍同 5 拍动作，8 拍放于体侧。

第五至第八个八拍,动作相同,但方向相反。

图 6-40　第四个八拍

三、三级套路

(一)组合一

1．第一个八拍(图 6-41)

下肢步伐:1～4 拍右脚开始向侧迈步后屈腿 2 次,2 拍时右转 90°,5～8 拍向右迈步后屈腿 2 次,6 拍时右转 180°。

上肢动作:1～2 拍右臂摆至侧上举,左臂摆至胸前平屈,3～4 拍同 1～2 拍,但方向相反,5～8 拍双手叉腰。

图 6-41　第一个八拍

2．第二个八拍(图 6-42)

下肢步伐:1～2 拍 1/2 V 字步,3～8 拍中 6 拍漫步,8 拍右转 90°。

上肢动作:1 拍右臂侧上举,2 拍左臂侧上举,3～8 拍随脚的动作自然前后摆动。

3．第三个八拍(图 6-43)

下肢步伐:右脚开始交叉步 2 次,左转 90° 呈 "L" 形。

上肢动作：1 拍双臂前举，2 拍胸前平屈，3 拍同 1 拍，4 拍击掌，5 ～ 8 拍同 1 ～ 4 拍。

图 6-42　第二个八拍

图 6-43　第三个八拍

4．第四个八拍（图 6-44）

下肢步伐：1 ～ 4 拍右脚侧并步跳，1/2 转后漫步，5 ～ 8 拍左转 90° 左脚开始小马跳 2 次。

上肢动作：1 ～ 2 拍双臂侧上举，3 ～ 4 拍右臂摆至体后，左臂摆至体前，5 ～ 6 拍右臂上举，7 ～ 8 拍左臂上举。

图 6-44　第四个八拍

第五至第八个八拍，动作相同，但方向相反。

（二）组合二

1. 第一个八拍（图6-45）

下肢步伐：1～4拍左脚向右前上步吸腿2次,5～6拍左脚向后交换步,7～8拍右脚上步吸腿。

上肢动作：1～4拍双臂自然摆动,5～6拍双臂随下肢动作自然摆动,7～8拍双臂自然摆动。

图6-45　第一个八拍

2. 第二个八拍（图6-46）

下肢步伐：1～4拍左脚开始向左侧交叉步,5～8拍右转45°。

上肢动作：1～4拍双臂随步伐向反方向臂屈伸,5～6拍双臂肩侧屈外展,7～8拍经体前交叉摆至侧下举。

图6-46　第二个八拍

3. 第三个八拍（图6-47）

下肢步伐：1～4拍左脚开始十字步,同时左转90°,5～8拍左脚开始向侧并步跳2次。

上肢动作：1～4拍双臂自然摆动,5～8拍双臂自然摆动。

4. 第四个八拍（图6-48）

下肢步伐：左脚漫步2次,右转90°。

上肢动作：双臂自然摆动。

图 6-47　第三个八拍

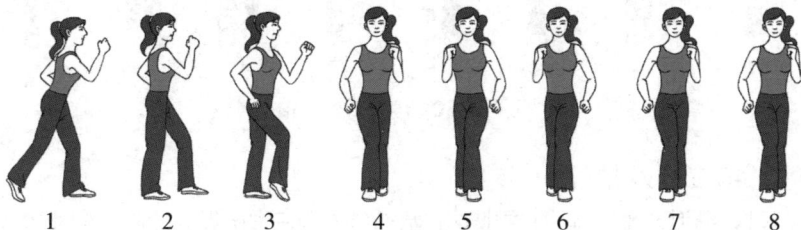

图 6-48　第四个八拍

第五至第八个八拍,动作相同,但方向相反。

(三)组合三

1. 第一个八拍(图 6-49)

下肢步伐:1～6 拍左脚开始做侧点地 3 次,7～8 拍左脚开始向前走两步。

上肢动作:1～2 拍右臂向下臂屈伸,3～4 拍左臂向下臂屈伸,5～6 拍同 1～2 拍动作,7～8 拍击掌 2 次。

图 6-49　第一个八拍

2. 第二个八拍(图 6-50)

下肢步伐:1～4 拍左脚开始吸腿跳 2 次,5～8 拍吸右腿跳,向后落地,转体 180°,吸左腿。

上肢动作：1拍侧上举,2拍双臂胸前平屈,3拍同1拍,4拍叉腰,5～8拍双手叉腰。

图6-50　第二个八拍

3.第三个八拍(图6-51)

下肢步伐：1～4拍左脚开始向前走三步吸腿跳,同时左转体180°,5～8拍右脚开始向前走3步吸腿。

上肢动作：1～3拍叉腰,4拍击掌,5～6拍手臂同时经前向下摆,7～8拍经肩侧屈外展体至体前击掌。

图6-51　第三个八拍

4.第四个八拍(图6-52)

下肢步伐：左脚开始侧并步4次,呈"L"形。

上肢动作：双臂做屈臂提拉4次。

图6-52　第四个八拍

第五至第八个八拍,动作相同,但方向相反。

(四)组合四

1. 第一个八拍(图6-53)

下肢步伐:1~4拍右腿上步吸腿,5~8拍左脚向前走3步吸腿。

上肢动作:1~4拍双臂做向前冲拳、后拉2次,5~8拍手臂同时经前向下摆,8击掌。

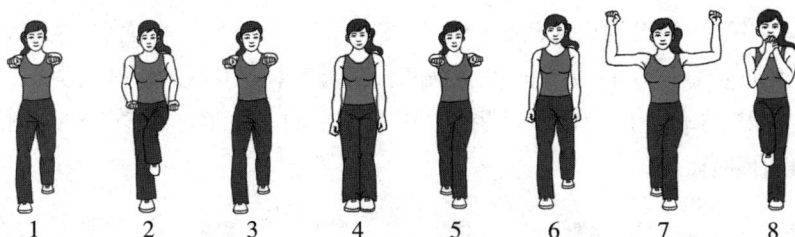

图6-53 第一个八拍

2. 第二个八拍(图6-54)

下肢步伐:1拍右脚向侧迈步,2~3拍向右前1/2转前漫步,4拍左脚向侧迈步,5~8拍右脚向左前方做漫步。

上肢动作:1拍侧上举,2~3拍随脚的动作自然摆动,4拍同1拍动作,5~8拍双臂自然摆动。

图6-54 第二个八拍

3. 第三个八拍(图6-55)

下肢步伐:1~6拍右脚开始上步吸腿3次,7~8拍左脚前1/2转漫步。

上肢动作:1拍肩侧屈外展,2拍击掌,3~6拍同1~2拍动作,

7～8拍双臂自然摆动。

图 6-55　第三个八拍

4．第四个八拍（图 6-56）

下肢步伐：左转 90° 向左做侧交叉步转体 180° 接侧交叉步。

上肢动作：1～4 拍双臂做外展、内收、外展、击掌,5～8 拍同 1～4 拍动作。

图 6-56　第四个八拍

第五至第八个八拍,动作相同,但方向相反。

第四节　健身健美操有氧舞蹈训练方法设计

一、健身健美操有氧舞蹈训练的阶段划分

（一）有氧舞蹈的基本功训练

1.形体修塑训练

形体修塑训练是健身健美操有氧舞蹈训练的初级阶段,其主要目的在于使学生将健美操形体美的正确概念建立起来,对形体美的客观

标准及评价形体美的方法有所认识和掌握,使学生对形体美的鉴赏力得到培养和提升。

某种意义上来说,形体修塑训练在健身健美操中是属于必经的一个过程,通过视觉能够发现形体美,所作出的评价具有客观性特点。

2. 提高阶段训练

健身健美操有氧舞蹈训练的提高阶段训练,通常是在形体修塑训练的基础上进行的,有时候,也可能是由于学生本身具备一定的素质基础,学生训练的要求更高。在训练过程中,通过各种风格的有氧舞蹈技术的综合运用,并延长时间,加大运动负荷,提高难度,对动作的精确度提出了更高的要求,即要做到整体的一致性。在保质保量的基础上进一步提高动作的力度、幅度、舒展性和伸展性,并富有动感美、韵律美、力度美和青春美。某种意义上来说,健身健美操有氧舞蹈的提高阶段训练如果能做好,不仅能使动作的规范性有所提升,还能使其美感得到更好的体现。

3. 个性训练

由于不同的学生所具有的个性化特点是各不相同的,鉴于此,不仅要使其对多种有氧舞蹈风格加以学习和掌握,还要在此基础上,逐渐形成其个人特有的风格,以此来将健身健美操动作的特色充分展现出来。在实践中发现,在健身健美操的相关比赛中,如果水平相当,那么,能在比赛中脱颖而出的,通常是那些风格突出、展现个性魅力、具有典型的动作和伴奏乐、让人耳目一新的选手,最终征服观众和裁判,成为比赛的佼佼者。因此,个性训练对于健身健美操学习训练水平的提升与专项人才的培养是至关重要的,处于关键性地位。

(二)有氧舞蹈自选套路的艺术创编

一般的,可以将自选套路的艺术创编过程看作是一项创造性劳动,其具有显著的复杂性特点,对功力有着极高的要求,具体来说,从选曲到主体设计、段落的处理、风格的使用,艺术效果的加工等,都要将创编者对有氧舞蹈动作的理解体现出来。在创编过程中,要充分考虑过渡动作的连接、造型动作的构思、学生的自身素质等因素,从而保证所创编出的整套健身健美操的动作所形成的效果是最佳的。

二、健身健美操有氧舞蹈训练中用到的方法

(一)启发式训练

在健身健美操有氧舞蹈训练中运用启发式训练的方法,能使学生的智力得到有效开发,使他们对各类舞蹈的认知能力和思维能力得到提升,同时,在掌握多种有氧舞蹈技术和风格的基础上,还能有效建立正确和良好的鉴赏能力,提高学生的表现力和展示力。

(二)变换式训练

对于整个健身健美操有氧舞蹈的训练来说,这是一个漫长的过程,通常,为了便于学习和训练,需要对其进行不同时期、不同阶段的划分,相应的,训练安排也要按照不同时期、不同阶段进行。以训练的效果为出发点,需要以其基本任务和重心任务为依据,来对相应的教材进行安排,并采取与其相适应的教学手段提高训练效果。训练期应抓好有氧舞蹈的技术难点训练。竞赛期应抓好整套动作的整体一致性训练,从而减少扣分因素。

(三)有氧舞蹈动作的分解与完整训练结合

在健身健美操有氧舞蹈训练中,要将动作的分解与动作的完整训练结合起来进行,需要用到的训练方法有以下几种。

1. 直观训练法

对于健身健美操的初学者或者水平比较低的学生来说,直观训练法是非常重要且必要的,其处于最为基础性的地位。一般的,教练员会通过直观的示范来给予学生一个良好的直观印象。有氧舞蹈是十分美妙的时间和空间的造型艺术和多变的肢体语言,它的韵律美、风格美、技术性和艺术性,是不能通过单一的语言表达来实现的,通过形体示范,则可以使学生根据直观的视野,建立起良好的表象,这对于其学习和训练效果的提升是非常有帮助的。

2. 分段训练法

健身健美操有氧舞蹈运用分段训练法,具体来说,就是对成套动作

进行分解,使其被分为几段,再将薄弱部分中的单个动作抽取出来单独进行训练,如腾空部分、地上部分、有氧舞蹈技巧、风格和神韵美在套路中的体现,都要求精雕细刻,单独培养,才能使整个有氧舞蹈段落增添夺目的异彩。

3. 配合训练法

健身健美操有氧舞蹈是由很多动作相互配合、衔接而成的,因此,要想对学生整体的协调性、表现力进行培养和提升,就需要用到配合训练法。比如,一个技术动作要与其他因素配合起来进行训练,从而将有氧舞蹈动作的多重性、变换性特点充分展现出来,如做腾空有氧舞蹈动作,配合手臂的多种变换;又如,上肢有氧舞蹈动作与脚步的多样性相配合进行训练;再如,上肢有氧舞蹈动作的速度和下肢舞步不同步相配合等。

4. 拼接训练法

在健身健美操有氧舞蹈训练中,将一种风格的有氧舞蹈动作或一种有氧舞蹈技术拼接到另一种风格的有氧舞蹈动作上,这种方法就是拼接训练法。比如,在慢板乐曲中所选用的是柔美的艺术形体类有氧舞蹈动作,而过渡到快板时则运用现代激情的爵士类有氧舞蹈动作,使多种风格的有氧舞蹈动作拼接在一起,构成统一整体,达到听觉和肢体上多变的感受。

5. 串联训练法

在健身健美操有氧舞蹈训练中,通过几种有氧舞蹈技术或几个舞蹈动作,串联成时间、长度不等的板块,四八拍或八八拍,经过训练达到熟练,再以实际需要为依据,互相交替连接,由此,能够对学生多种有氧舞蹈技术交替串联时,使肌肉的用力方式达到正确而快速的良好反映的能力得到培养和提升。

(四)欢快式训练

健身健美操有氧舞蹈训练是对学生进行艺术教育的一个重要方式和途径,通过艺术形式将人们的良好心态反映出来,为达到这个目的,就必须在教练员和学生之间建立良好的桥梁,彼此沟通,创造和谐而欢快的气氛。教练员在严谨地传授有氧舞蹈技巧、艺术风格、表现形式等方面的同时,还要融入感情的投入,理解学生辛勤的汗水,倍加关心、爱护他们,使他们在严肃、认真且开心、快乐的气氛中接受训练,从而使训练效果得到进一步的强化和提升。

(五)激励与表扬相结合训练

如果一个学生经过多次训练,仍然无法将动作做到位,那么,就会导致其心情急躁,这时,教练员的正确做法就是不要严厉指责、批评。因为对于一个面对失败的学生来说,如果再被指责和批评,那么其就会容易产生自卑感,从而降低对此项运动投入的兴趣,甚至产生惧怕心理,怕老做不好。相反,如果教练员换一种方式,用鼓励的语言敦促学生继续训练,并在下一次练习时,加上"比上一次有进步"之类的语言激励,那么,学生就会更加坚信自己,勇于去克服困难和战胜困难,并最终实现突破性进展。对于教练员来说,在友善和谐的气氛中,指出学生存在的问题,通过精心指导,使错误的动作得到纠正,所取得的训练效果也会更加理想。

(六)学生之间互教互学训练

在健身健美操有氧舞蹈训练过程中,要尽可能将学生的积极性调动起来,增加他们的参与意识。不仅要"官教兵"而且要"兵教兵",即学生之间相互纠正错误动作,互相学习,互相帮助,有利于提高他们对有氧舞蹈技术的观察、比较、评价等能力。这种训练方法,可激励学生投入更多的精力,在互相学习中得到进步。

第七章

竞技健美操技术学练方法设计

　　竞技健美操运动是一项竞技体育运动,其以竞赛为目的,深受人们喜爱。竞技健美操运动和健身健美操都是现代健美操课程教学的重要内容,竞技健美操热情、奔放,音乐伴奏充满激情,既能培养学生的外在美,又能提升学生的内在美,将其引进现代健美操课程中对培养学生的健康体质、竞争精神、健美操技能、艺术审美能力具有重要意义,是现代教育理念下推动学生全面发展的重要教学内容。本章主要研究竞技健美操技术学练方法设计,首先分析竞技健美操基本理论知识,然后重点对竞技健美操基本动作、成套动作及表现力的学习与训练展开研究,最后探讨竞技健美操操化训练方法的创新设计。

第一节　竞技健美操基本知识学习

一、竞技健美操的概念

竞技健美操是在音乐伴奏下,以身体素质为基础,在规定时间和空间内完成一系列有强度的成套技术动作的有氧体育运动项目。

二、竞技健美操的项目特征

真、善、美是竞技健美操运动所追求的价值与崇尚的理念,竞技健美操运动的项目特征表现在以下几方面。

(一)"健"与"力"

最能体现竞技健美操项目特征的是"健"与"力","健"指的是竞技健美操运动员有健硕的身躯、健美的体态以及匀称的体型。"力"指的是竞技健美操运动员的体能尤其是力量素质强。

(二)"美"

竞技健美操成套动作充分展现了"美"的特征,竞技健美操的"美"是很多因素相互配合的结果,包括运动员的身体姿态、面部表情、技术水平及其动作与音乐节奏的配合等。

具体来说,竞技健美操之"美"体现在下面两个方面。

1. 成套动作的"美"

健美操成套动作具有高度的艺术性特征,艺术风格鲜明,因此动作本身就充满"美"的元素,在竞赛规则的引导下成套动作之美被展现得淋漓尽致,这说明竞技健美操创编者在编排成套动作时赋予了其艺术内涵,编排本身也具有了艺术层面的意义。

2. 动作完成的"美"

竞技健美操运动员完成具有艺术性的竞技健美操成套动作时,不管是身体姿态、动作速度、动作力度还是动作与音乐节奏的配合,都把握得非常准确、恰到好处,成套动作的整个完成过程非常优美。

竞技健美操成套动作的"美"侧重于艺术层面的美,动作完成的"美"侧重于技术层面的美,因此说竞技健美操的"美"是"艺术美"与"技术美"的结合,竞技健美操运动员只有同时提高自己的艺术水平和技术质量,才能在比赛中增加获胜的概率。

(三)"难"

竞技健美操成套动作中过渡动作、托举动作等有一定的难度,运动员在完成这些难度动作时体现出竞技健美操的"美",这是观众和裁判都很期待的结果,所以运动员要不断提高自己的技术水平和表现力,准确而优美地完成难度动作,这样才不会辜负观众的审美期待。

具体来说,成套动作的"难"主要体现在以下三个方面。

1. 动作设计"难"

为了提升竞技健美操成套动作的竞赛价值,竞技健美操创编者要根据竞赛规则来设计与编排成套动作,要在规则范围内科学设计并不断创造新的难度动作,从而达到观众的审美期待,适应竞技健美操竞争越来越激烈的发展趋势。创编者应该从运动员的基本素质、专项能力出发设计难度动作。在集体项目的难度动作编排中,要对运动员之间的个体差异予以考虑,根据不同运动员的运动水平和身体素质来安排特殊的难度较大的表演性动作,使每个运动员都能发挥自己的特长,展现自己的优势与水平,相互协同配合来高质量地完成既有艺术性又有技术性的成套动作。

2. 动作完成"难"

完成有难度的成套动作,需要竞技健美操教练员与运动员之间做好沟通工作,难度动作的完整质量由运动员的表现决定,但运动员的表现又与教练员的培养直接相关,因此教练员与运动员双方对竞技健美操成套动作的理解以及教与学的水平都决定了难度动作的完成质量。在成套动作中,难度动作的完成本身就有一定的难度,而且竞赛规则还要求运动员在完成成套动作的过程中将基础动作与难度动作的连接关系处理好,也就是要完成好过渡动作,使基础动作与难度动作的连接更自然、流畅,这样可以使成套动作整体看起来更有艺术魅力和审美价值。

3.动作创新"难"

竞技健美操运动是难美项群运动项目,这类体育运动要想持续发展,必然离不开创新,只有不断创造新的动作或对已有动作进行创新性的改变与调整,才能为项目本身的发展注入新鲜的血液,使项目发展更有生命力,体现出勃勃生机。但是创新不是轻而易举的事,要在竞争激烈的竞技健美操比赛中出类拔萃,必须将整个队伍的智慧与特色风格发挥出来,创新不仅是针对难度动作,还要针对整个成套动作的编排进行创新,在编排中融入新鲜的元素,彰显成套动作的独特艺术风格。

(四)"新"

竞技健美操的"新"指的是创新,主要从下面两个方面体现出来。

1.动作编排"新"

健美操成套动作的艺术观赏价值是由编排风格所决定的,在编排中要创新性地整合丰富的美学元素,并将其融入动作中,从而使成套动作别具一格。

2.协作配合"新"

集体项目的完整质量直接受团队配合的影响,因此在集体项目动作编排与完成中要合理变化队形,给观众带来新的视觉体验。

三、竞技健美操的分类

竞技健美操是以竞赛、取胜为主要目的,下面主要从竞赛的角度对竞技健美操进行分类。

(一)按比赛规模分类

按照比赛规模,竞技健美操比赛主要有下面两种类型。

1.国际比赛

目前,健美操世界锦标赛、国际健美操冠军赛、健美操世界杯赛都是国际上规模较大的竞技健美操比赛。

2. 国内比赛

全国健美操锦标赛、精英赛、冠军赛、全国大学生健美操锦标赛、全国职工健美操大赛等是目前我国规模较大的竞技性健美操比赛。

(二)按比赛项目分类

竞技健美操比赛共有下面 5 个传统项目。

(1)男子单人操。

(2)女子单人操。

(3)混合双人操。

(4)3 人操。

(5)6 人操。

(三)按参赛者年龄分类

按照参赛者的年龄,竞技健美操比赛有成年组、少年组两个级别。满 18 周岁的运动员可以参加成年组竞技健美操比赛。

第二节　竞技健美操基本动作学练

一、基本轴控制

(一)站立控制

1. 背靠墙站立控制

背靠墙站立,并拢双脚,后脑、双肩、背、臀和小腿与墙壁紧紧贴在一起,足跟与墙间隔 3 厘米。双腿及臀部要夹紧,挺胸收腹,立腰立背,肩胛骨下旋同时双肩下沉,下颌微收,头向上顶,背部成一平面。

2. 基本站立控制

夹紧双腿,挺胸收腹,立背立腰,肩胛骨下旋,同时双肩下沉,身体用力感与有墙面支撑物相同,体会这种身体姿态的感觉。

(二)纵跳控制

1.原地纵跳控制

站立控制练习上,微屈双膝,蹬地向上纵跳。腰腹、臀部收紧,身体成一条直线,感受身体垂直轴的控制。

2.负重原地纵跳控制

在上面练习的基础上,将沙包绑在脚踝关节上,在负荷下进行身体垂直轴控制练习。

二、身体姿态

(一)站立姿态

1.肩部练习

两肩垂直上耸,有酸痛感后用力下垂。反复练习。

2.颈部练习

颈部挺直,下颌微收,目视前方,头正直。也可在头上放一本书,保持平衡,可在移动中练习。

3.臀部练习

两脚并拢,躯干直立。脚掌下压,臀部和大腿肌肉收紧,髋略上提。反复练习。

4.腹部练习

收紧臀部,腹部用力向内收紧,向上提气,使身体上提,保持片刻,放松。反复练习。

(二)头颈姿态

1.抬头

直立,两手叉腰。头颈后屈,还原。先慢后快,体会肌肉控制感觉。

2.低头

直立,两手叉腰,挺胸,下颌紧贴锁骨窝,颈部伸长,还原。先慢后快,体会肌肉控制感觉。

3. 左转

直立,两手叉腰,向左转头,还原。先慢后快,体会肌肉控制感觉。

4. 右转

直立,两手叉腰,向右转头,还原。先慢后快,体会肌肉控制感觉。

5. 左侧屈

直立,两手叉腰,头向左侧屈,然后还原。

6. 右侧屈

直立,两手叉腰,头向右侧屈,然后还原。

(三)上肢姿态

以手臂姿势为例。

1. 两臂上举

两臂经前绕至上举,双臂间距同肩宽。

2. 两臂侧举

两臂经侧绕至侧举。

3. 两臂前举

两臂由下举向前绕至前举,两臂间距同肩宽。

4. 两臂后举

两臂经前向后绕至后下举,手臂尽量向后伸,臂距同肩宽。

5. 两臂前上举

两臂经前绕至与前举与上举夹角为45°的位置或前侧上举。

6. 两臂前下举

两臂经前绕至与前举与下举夹角为45°的位置或前侧下举。

7. 两臂胸前平屈

两臂屈肘至胸前,小臂距胸约10厘米。手臂与地面平行,前臂平行于额状轴,

8. 双臂侧举屈肘

双臂侧举同时屈肘,使前臂和上臂垂直。

（四）躯干姿态

1. 躯干稳定性

（1）负重仰卧起坐

仰卧，两手持实心球置于胸前，球接近下颌，完成仰卧起坐。可根据个人肌力水平选择不同重量的实心球，可逐步增加实心球重量。

（2）健身球俯卧撑

俯卧、两手撑地支撑身体，两脚背放在健身球上，含胸收腹，完成俯卧撑。可根据个人肌力水平调整两臂和健身球的距离，可逐步增加距离。

2. 躯干灵活性

先做肩关节运动，如左右依次提肩、同时提两肩，左右依次前后绕肩和同时绕双肩等，然后做髋关节运动，如顶髋，绕髋等。最后做躯干前后左右移动练习。

三、身体弹动

（一）踏步

1. 直立踏步

上体直立，脚踏下时从脚尖过渡到全脚掌，支撑腿落地时膝关节伸直，手臂屈肘在体侧前后摆动。

2. 弹动踏步

听音乐踏步，手臂有节奏地前后摆动。摆动腿屈膝抬起时，支撑腿膝关节稍屈膝，摆动腿落地时，支撑腿膝关节伸直。

（二）蹬、伸

1. 基本蹬伸

一脚踏在踏板上，用力快速向上蹬直，保持身体垂直轴的控制，两腿交替练习。

2．负重蹬伸

在小腿上绑沙包蹬伸，使身体在负荷状态下完成练习。两腿交替进行，反复练习。

3．负重提踵

单脚或双脚站在踏板上，在踝关节上绑沙包做提踵练习，注意借助踝的力量上提。

4．原地髋、膝关节弹动性

两脚并拢，脚随音乐节奏抬起落下，膝关节随音乐屈伸，脚跟始终不离地，两臂屈肘在体侧前后摆动。

（三）踢、跳

1．弹踢

一条支撑腿膝踝关节弹动的同时，另一条腿有控制地弹踢小腿，膝踝关节有控制地伸展。可单腿不间断地弹踢，也可两条腿交替练习。

2．弹动纵跳

弹动纵跳动作共 4 拍。

1～2 拍，原地屈膝弹动，手臂前后摆动。

3 拍，向上纵跳，手臂上摆至上举。

4 拍，落地缓冲，手臂下摆至体侧。

3．原地连续小纵跳

两脚并拢，足跟随音乐起落，足尖不离地，两臂屈肘前后自然摆动，做踝关节屈伸练习。

4．负重连续纵跳

在脚踝关节上绑上沙包，半蹲，手臂后摆，足蹬伸时向上纵跳，手臂顺势上摆，落地后屈膝缓冲紧接着继续纵跳，反复练习。

5．开合跳

先做两腿开立的弹动训练，再做两腿并拢的弹动训练，最后做一开一合的连续开合跳练习。

第三节　竞技健美操成套动作学练

一、先分解后完整训练

首先分开练习成套动作中的难度动作和操化动作，然后再进行完整训练。训练程序如下。

(一)难度动作训练

按照由易到难的顺序，先训练能够熟练完成的难度动作，巩固难度动作技术要领，再训练还无法熟练完成的难度动作。这在难度动作训练中是重点训练内容，应投入更多的时间、精力来训练，直到运动员能够独立完成成套动作中的所有难度动作。

(二)操化动作训练

教练员从运动员的自身特点、表现风格出发编排相应的操化动作，在训练过程中首先通过简单的练习使运动员熟悉操化动作的规格，然后进行理解性训练，使其明确该套操化动作的内涵风格，从而在比赛中能够表现操化动作的风格特点。

(三)难度动作与操化动作结合训练

将难度动作与 8 拍操化动作结合起来进行训练，即做 1 个 8 拍操化动作接 1 个难度动作。

(四)配合音乐完整训练

在一般的健美操音乐伴奏下练习成套动作，使运动员熟练成套动作,然后配合竞技健美操音乐进行完整的成套动作训练。

二、先分节后成套训练

先将成套动作分成若干节分别进行训练,然后再进行完整的成套动作训练。

(一)4×8小节训练

首先将成套动作分为4个8拍一小节,教练员用口令指挥运动员练习,运动员熟练完成第一个4×8拍动作后,再练习第二个4×8拍动作,依次类推,直到完成整套组合动作的练习。

(二)8×8小节训练

在运动员能够熟练完成4×8小节训练,能够完整地完成整套组合动作后,再将竞技健美操成套动作划分为8个8拍一小节进行练习,练习方法与4×8小节训练相同。

(三)16×8小节训练

当运动员熟练完成8×8小节训练,能够完整地做整套组合动作后,再将竞技健美操成套动作划分16个8拍一小节来练习,练习方法同上。直到运动员一次性完成整套动作。

三、模拟比赛训练

采用模拟比赛训练方法进行健美操成套动作训练时,应有意识地创建激烈的比赛环境,营造比赛气氛,发出击物声、鼓掌声、呼叫声、吹哨声等赛场上常听到的声音,或像正式比赛一样进行裁判和评分。

在竞技健美操比赛中,运动员可能会因为心理紧张而发挥不佳,因此在模拟比赛训练中应重视训练运动员的应变能力。

第四节　竞技健美操表现力学练

一、竞技健美操表现力

(一)竞技健美操表现力的概念

竞技健美操运动中,表现力是指具备一定认知力、观察力、理解力以及想象力的竞技健美操运动员运用身体形态、表情、配合动作以及运动路线,将动作和音乐的内涵转化为自己的内在情感,自信地展现出成套动作的艺术风格及魅力,从而吸引、感染观众与裁判的能力。

竞技健美操运动员艺术表现力的构成如图 7-1 所示,外在表现和内在情感紧密联系,构成了完整的结构体系。

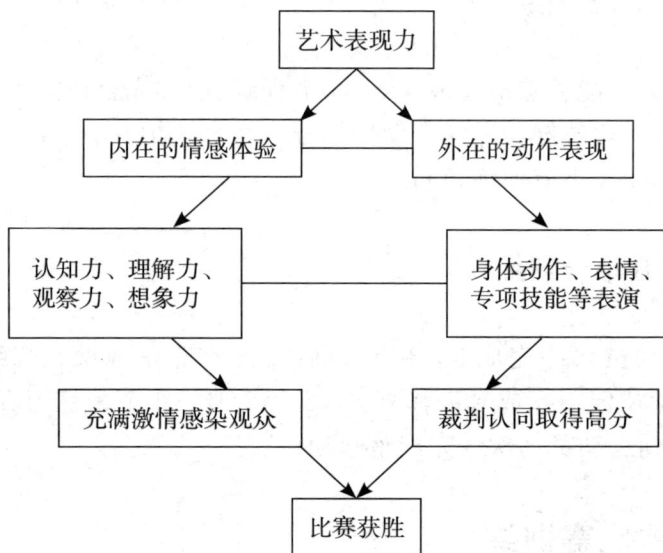

图 7-1　竞技健美操运动员艺术表现力的构成

(二)竞技健美操表现力与运动员竞技能力的关系

运动训练学指出,运动员的竞技能力一般由体能、技能和心智三个部分组成,每个部分又包含若干子因素,如图 7-2 所示。

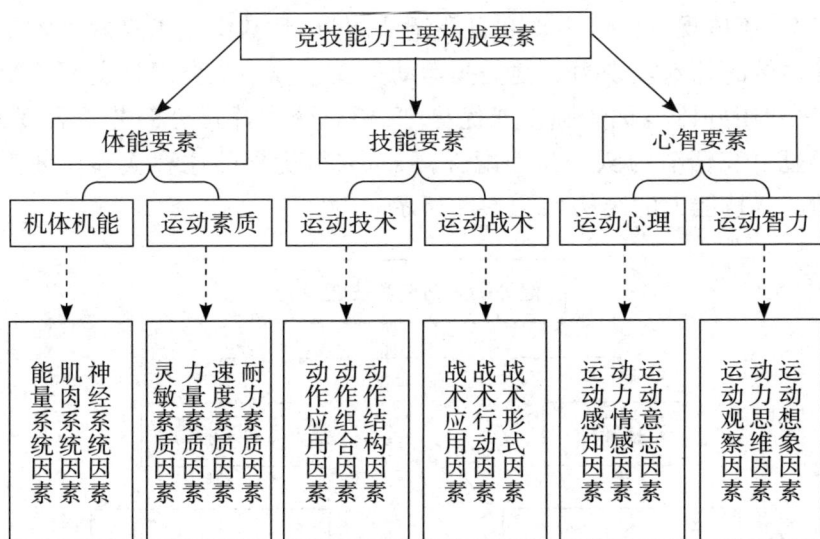

图 7-2　运动员的竞技能力

　　也有学者将竞技能力的结构划分为竞技实力和发挥能力两个部分,然后在此基础上又明确了各自的组成因素,构成了三级竞技能力结构图,如图 7-3 所示。根据这一观点,可以从竞技实力和发挥能力两个方面构建竞技健美操运动员竞技能力结构图,竞技能力指的是运动员的参赛能力,健美操运动员的参赛能力在比赛过程中主要表现于竞技实力及发挥能力中。

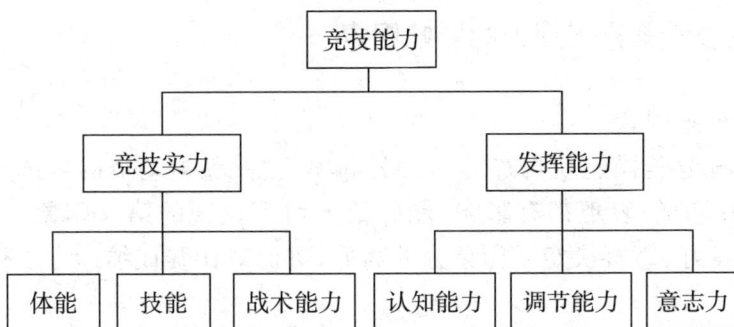

图 7-3　三级竞技能力结构图

　　竞技健美操运动对参赛运动员的战术能力没有较为明显的要求,所以体能和技能是构成健美操运动员竞技实力的两个重要结构因素。健美操运动员在赛场上的发挥能力不仅体现于身体素质、技术等竞技状态上,还体现于艺术表现和自我调节能力上,其中艺术表现主要就是指运动员的艺术表现力。健美操运动员在比赛中既要保持良好的竞技状态,利用好体能优势和技能优势,又要充分发挥自己的艺术表现力,并通过自我调节与队友相互配合,从而取得优异的比赛成绩。健美操运动员竞技能力的结构如图 7-4 所示。

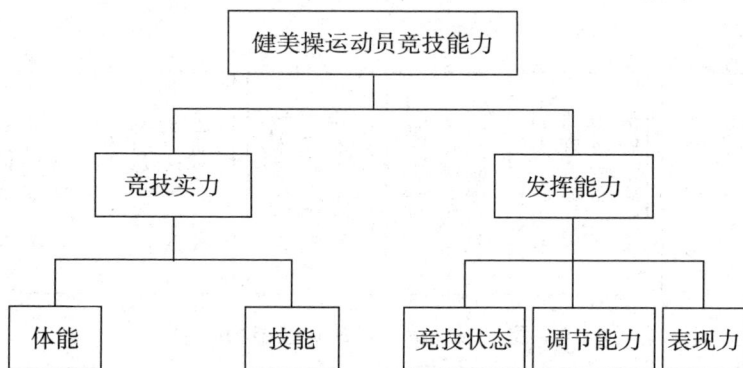

图 7-4 健美操运动员竞技能力的结构

从上图来看,健美操运动员的竞技能力结构体系中包含表现力,表现力是竞技能力的构成因素与重要体现,运动员的表现力水平直接影响其竞技能力的发挥和比赛结果,甚至对比赛胜负有决定性影响。可见在竞技健美操教学与训练中,表现力的培养与训练必不可少。

(三)竞技健美操表现力的影响因素

1.形态因素

竞技健美操运动具有健、力、美等项目特征,运动员的身体形态对其健、力、美的表现都有影响,能够给人留下直观的第一印象,身体形态是否良好,直接决定了印象分的高低,进而对比赛成绩产生了很大的影响。

运动员身体形态因素对其表现力的影响非常重要,因此在健美操运动员选材与培养中,要考虑影响运动员身体形态的先天基因因素和后天身体形态的可塑性,并在竞技健美操运动员培养与训练中加强基本功训练,塑造运动员良好的强健优美、端庄大方的身体形态,这有助于其在比赛中完成具有良好表现力的动作,增加对观众的吸引力。

2. 运动员专项能力

健美操运动员要完成高质量的健美操动作,就要懂得手臂和下肢如何发力,如何控制动作速度与力度,这些能力都和健美操运动专项特点有关,所以说运动员的专项能力对其在完成健美操成套动作中的表现力具有重要影响。健美操的"技术"含量虽然不及技巧类项目,但是竞技健美操成套动作之所以有很强的观赏价值,和其中的操化动作丰富多变有很大的关系。操化动作的多样性是竞技健美操运动的一个重要特征,多样性表现为手脚配合的多样性、动作路线的变化多以及难度动作在配合上是多变的等多个方面。

有的观众会认为竞技健美操运动员的表现力主要就体现在他们的面部表情上,面部表情是表现力的一个方面,而运动员完成动作的过程、举手投足的肢体语言是其表现力非常重要的呈现方式,运动员只有结合健美操专项特点进行训练,才能在各个方面充分展现自己的艺术表现力,从而达到专业的动作效果。

结合专项进行训练对健美操运动员的专项身体素质也提出了较高的要求,运动员专项力量水平影响其动作弹性和姿态控制,柔韧水平影响其关节活动范围和动作的优美性,协调能力影响其动作的自然变化与衔接,只有各方面能力达到专项要求,才能表现出成套动作的动态美,才能将内在情感充分表达出来,从而征服裁判与观众。

3. 心理因素

健美操运动员的表现力还与其心理因素有关,主要表现为与气质类型和性格有关。

(1)气质

一般来说,多血质、胆汁质性格的健美操运动员的表现力更好一些,因为这两种气质类型的运动员所具备的气质特征(如兴奋性强、精力旺盛、敏捷灵活、情感丰富、容易建立条件反射、有感染力等)和竞技健美操运动对运动员表现力的专项要求(如力度感、节奏感、活泼热情、自信表达、全心投入等)的契合度非常高。

(2)性格

健美操运动员的性格也直接影响其表现力水平和比赛中表现力的发挥。性格是心理特征的重要表现,具有相对稳定性,运动员对自己所从事项目、对周围环境、对队友或对手以及对自己的态度都能够从其性格中体现出来。运动员的性格直接影响其运动行为和个人运动特征。

竞技健美操运动要求运动员有乐观、稳定的情感,有坚强的意志和果断的精神,稳定、乐观、坚强、果断都是性格的重要表现。满足上述性格要求的健美操运动员在自我控制上会表现得更好一些,在比赛中表现力更强一些,具体表现为冷静分析意外事件,灵活处理问题,机智化解难题,充分表现自身特长与优势等。

4. 动作编排

竞技健美操编排在动作设计上要有艺术性,要对运动员完成动作时的艺术表现力有较高的要求,具体要求是操化动作多变,难度动作有创新,过渡动作自然流畅,成套动作连贯完整,表现主题,动作与音乐一致,队员之间默契配合,整个队伍感染力强,等等。在动作编排中编排者要先确定主题,然后以主题为依据对动作进行设计与选择,并按照一定的规律与关系连接各个动作,最终形成完整的具有艺术性的成套动作。健美操创编者的想象力、创造力、艺术素养等在成套动作的编排成果中有充分的体现。

5. 音乐

音乐的律动性是健美操运动的重要特点之一,没有音乐伴奏的健美操是没有灵魂的。从健美操运动的形成初期就与音乐密不可分,健美操运动经过漫长的时期发展至今,与音乐的关系越来越紧密,已然成为不可分割的整体。健美操运动的意境、情感能够从音乐中表现出来,音乐是影响健美操运动员表现力的关键性因素。在竞技健美操比赛中,不同队伍可能会选择同一个音乐伴奏,但是动作编排各有特色,能否将动作与音乐完美结合,将成套动作的主题充分表达出来,直接影响最终的分数。有的运动队只顾完成动作,与音乐的契合度很低,音乐更像是一个不起眼的附属品,存在感很低,发挥不出价值,这样也很难使运动员充分发挥自己的表现力。有的运动队选择的音乐不合适,与他们的成套动作主题风格不符,动作节奏跟不上音乐节奏,运动员的动作效果大打折扣。

每个音乐作品都有自己的独特性,优美的旋律、鲜明的节奏、独具特色的风格是健美操音乐的重要特点。在竞技健美操比赛中,必须选择恰当的音乐作品,而且要跟随音乐节奏的变化而变化动作,要跟着音乐的节奏律动表达激情,抒发内心情感,将动作风格展现得淋漓尽致,使音乐与动作融为一体,这样运动员的表现力就会大大提高,这方面的得分也会提高。

6. 舞蹈基础

竞技健美操运动的"美"在单一、没有任何变化的动作中是很难体现出来的，健美操运动员连贯完成成套动作的能力是其表现力的重要体现，这对运动员的舞蹈基础提出了一定的要求。健美操与舞蹈本身就关系密切，有很多共同点，如和音乐紧密联系，动作的表现具有艺术感染力，完成动作的过程中要控制好面部表情和身体姿态。对多种风格的舞蹈都比较熟悉的健美操运动员在动作表现上更有感染力，表现力更强，而舞蹈基础差，对舞蹈知之甚少的运动员很难对健美操动作的不同表现形式有深刻的体会，其在完成动作时的表现力也不尽如人意，很难吸引与感染观众。

二、竞技健美操表现力训练与提高

（一）专项技术训练

竞技健美操运动员在专项技术训练中要不断反复练习技术动作，熟练掌握各项技术并能连贯完成成套动作，最终达到运动技能发展的自动化阶段，养成良好的动作习惯，从而在比赛中高质量完成成套动作。

在竞技健美操日常训练中将专项技术训练重视起来，使运动员保持良好的竞技状态，在比赛中有稳定的发挥。日常训练也要结合音乐进行训练，将运动员置身于音乐环境中进行有节奏的训练，随着音乐的变化而调整动作节奏、力度、速度、方向及路线，将动作的技巧性与难度性展现出来，并发挥想象力进行动作创新，加入新鲜的元素，以完善成套动作，提升动作本身的艺术表现力和感染力。在训练过程中还要合理安排运动负荷，最终在完成动作的稳定性、熟练度、难度上都能有所突破，为比赛做好充分的准备。

（二）身体素质训练

身体素质是竞技健美操运动员在比赛中成功完成成套动作及充分表现自己健美操艺术修养的基础保障。身体素质是影响健美操运动员表现力的重要因素，而影响最为明显的身体素质是力量素质、柔韧素质和协调灵敏素质。因此在竞技健美操表现力训练中要将这几方面身体素质的训练重视起来。

1. 健美操力量训练

（1）上肢力量。

①一般练习。

第一，横握杠铃（哑铃）做臂屈伸练习。

第二，上举杠铃（哑铃）做臂屈伸练习。

第三，杠铃上举练习。

第四，负重屈腕练习。

②专项练习。

A. 基础训练阶段。

第一，俯卧撑练习。

第二，俯撑击掌练习。

第三，双杠支撑移动（或摆动）练习。

第四，倒立推（或爬行）练习。

第五，双杠屈臂撑练习等。

B. 专项提高阶段。

第一，计时完成单臂俯卧撑、负重俯卧撑、自由倒地成俯撑等练习。

第二，跳起成俯撑练习。

（2）下肢力量。

①一般练习。

第一，负重蹲跳练习。

第二，负重提踵练习。

第三，立定跳远、跳绳等练习。

②专项练习。

A. 基础训练阶段。

第一，连续团身跳练习。

第二，原地屈体分腿跳练习。

第三，单脚或双脚连续跳练习等。

B. 专项提高阶段。

第一，原地连续吸腿跳练习。

第二，原地连续屈体分腿跳练习。

第三，负重屈体分腿跳练习。

第四,扶肋木向不同方向的快速踢腿练习等。

（3）躯干力量。

①一般练习。

第一,单杠引体向上练习。

第二,硬拉练习。

第三,仰卧起坐、悬垂举腿等练习。

②专项练习。

A.基础训练阶段。

第一,控腹练习。

第二,分腿支撑与直角支撑交替练习等。

B.专项提高阶段。

第一,专门性分腿支撑转体练习。

第二,专门性直角支撑转体练习等。

2.健美操柔韧性训练

（1）上肢柔韧性。

①徒手体操中各种活动肩、肘关节的动作练习。

②双手握肋木,直臂压肩韧带练习。

③双手体后握肋木,向前探肩练习。

④与同伴互扶俯身,正侧压肩练习。

（2）下肢柔韧性。

①正压腿练习。

支撑腿脚尖朝前,支撑腿膝关节伸直,髋关节摆正,非支撑腿伸直,脚面外开,挺胸抬头,上体稍前屈。

②后压腿练习。

髋关节摆正,支撑腿屈膝,非支撑腿伸直,膝和脚面稍微外展,挺胸抬头,向后仰上体同时压胯。

③侧压腿练习。

支撑腿脚尖、膝盖所指的方向与非支撑腿保持垂直,支撑腿膝关节伸直,髋关节充分展开,非支撑腿膝关节伸直,脚面朝上,挺胸抬头,上体侧屈。

④高抬腿练习。

正对高度适宜的桌子,一条腿抬起放在桌上,停留片刻换另一条腿,交替几次后侧对桌子、背对桌子分别练习。

⑤搬腿练习。

靠墙而立,上体静止不动,教练帮助其进行不同方向的搬腿练习,可逐渐增加力量。

⑥劈叉控腿练习。

可前后、左右劈叉下压腿,充分拉"胯",然后向正前方、侧方、后方三个方向分别举腿。

(3)躯干柔韧性。

①体侧转练习。

两脚开立,两臂侧平举,躯干最大限度左转,保持 10 秒,然后右转,保持 10 秒。

②体侧屈练习。

两脚开立,双手在头顶上方握住,双手带动躯干尽可能侧屈,保持10 秒。

③体后屈练习。

双手握紧肋木,两脚开立,挺胸抬头,上体后仰到最大限度,保持10 秒。

3. 健美操协调与灵敏性训练

(1)手臂训练。

①单一动作练习。

第一,手臂屈伸练习。

第二,手臂外展和内收练习。

第三,手臂旋转和环动练习。

第四,手臂回旋练习等。

②组合动作练习。

将单一练习动作编排为组合动作,结合音乐伴奏进行练习。

(2)步法训练。

首先进行简单步伐练习,再进行难度步伐练习,其次将各种步伐动作组合起来进行练习,提高腿部的协调性。最后结合音乐进行步伐练习。

(3)上、下肢配合训练。

先进行手臂练习和步伐练习,然后将上下肢动作结合起来进行协调配合练习,提高上下肢的协调性。

在上下肢配合练习中,先保持下肢动作不变,配合手臂动作进行练习,然后两拍一动练习,最后一拍一动练习。

（三）心理素质训练

优秀的竞技健美操运动员身体素质都很强，技术水平都很高，在体能和技术水平相当的情况下，决定比赛结果的因素就转移到运动员的心理素质上。竞技健美操是高、难、美的竞技运动，运动员训练与比赛的过程是身体活动与心理活动的统一，健美操运动员要在有限的时空环境下高质量地完成比赛动作，并通过动作表达自己的情感，展现自己的气质，彰显健美操的艺术表现力及艺术内涵，这些都会对运动员的心理素质提出了较高的要求。健美操动作完成的质量直接受运动员心理素质的影响，心理素质较差的运动员很难在完成动作的过程中通过表情和肢体语言流露真实情感，这样会弱化运动员的表现力，难以吸引与感染广大观众。因此，在竞技健美操表现力教学与训练中，要将心理素质的培养与训练纳入训练计划中，将这方面的训练重视起来。

下面具体分析自信心训练和应变能力训练。

1. 自信心训练

运动员要想取得好的比赛成绩，首先要有这份渴望和期待，然后转换为强大的动力，在这份动力下表现出自己最好的一面。运动员渴望获胜不能仅仅只是内心想想而已，而要有信心相信自己可以获胜并能为之努力。如果没有自信，哪怕对冠军有强烈的期待与渴望，也很难迈出关键的一步。所以在健美操心理素质训练中，要通过自信心训练来帮助运动员建立自信。

培养运动员的自信心，不能一味夸奖和毫无原则地吹捧，这会使运动员盲目自信甚至自负。帮助运动员建立自信，需要教练员多与运动员交流和沟通，这种互动应该深入到情感和心理的层面，教练员要善于运用鼓励法、激励法来引导运动员突破自己，多赞美运动员的优势与长处，同时也要诚恳地指出运动员的问题与不足，使运动员在不断改正与完善的过程中树立自信心，在比赛中展现自己的自信与魅力，超水平完成比赛任务。

2. 应变能力训练

竞技比赛场上情况瞬息万变，发生超出意料之外的事也是普遍的，而遇到意外情况或出现自己已有能力解决不了的事情时，运动员能否快速调整身体和心理状态，灵活应对与解决问题，这是决定比赛胜负的一个关键，这对运动员的应变能力提出了较高的要求。缺乏应变能力的运动员一旦遇到突发事件,就会乱了阵脚,心理负担沉重,在慌乱之中频频出错,最终导致比赛结果差。有时当比赛环境出现意外情况而不得不中止比赛时,心理素质差的运动员也不善于利用暂停时间调整状态,反而担惊害怕,而且在重返赛场后也无法保持之前的比赛状态,竞技状态前后有明显差距。对此,在日常健美操表现力训练中,要有意识地培养运动员应对突发情况和解决突发问题的能力,使其在千变万化的比赛环境下依然能够从容比赛,自信发挥,表现竞技健美操的艺术魅力。

(四)音乐素养训练

作为艺术的一个重要组成部分,音乐本身就充满表现力。对竞技健美操运动尤其是成套动作而言,音乐就是灵魂一般的存在,没有了音乐,成套动作便没有了灵魂。竞技健美操运动员的音乐素养直接影响其艺术表现力,运动员能否正确理解与深刻体会成套动作,直接影响其艺术表现力,而了解音乐、音乐修养高是运动员体会成套动作的基础条件。所以在竞技健美操表现力训练中不能忽视培养运动员的音乐素养。

在音乐素养训练中,首先要培养运动员对音乐的感知觉能力,也就是培养乐感,最好的方法就是多听优秀的音乐作品,用心体会,在听音乐的过程中在大脑中勾画技术动作。结合音乐进行训练时,要做好动作力度、节奏与音乐旋律的配合,从而充分展示健美操动作的表现力。

(五)舞蹈基础训练

舞蹈训练有助于提高健美操运动员的基本素质,有助于提升运动员的艺术修养。运动员在日常训练中要注意多积累舞蹈元素,尝试不同风格的舞蹈,体会不同舞蹈的不同表现力,吸收舞蹈中的元素融入健美操中,提高艺术表现力。

第五节　竞技健美操操化训练方法的创新设计

　　竞技健美操是难美项群类项目,也是艺术类项目,这项运动的动作类型多样且较为复杂,表现形式非常丰富,包含托举、难度、操化、表演等各种形式的动作。健美操操化是指健美操步伐与手臂的动作组合,即在音乐的伴奏下连续完成一组具有创造性、节奏性、动感性、表演性的动作组合。在竞技健美操竞赛规则的评分标准中,操化内容是一个非常重要的指标,而且操化内容在评分体系所占的分值也较高,这充分说明在竞技健美操成套动作中,操化动作极其重要,运动员对这类动作的完成质量直接影响其比赛成绩。所以在竞技健美操教学与训练创新中,必须将操化训练及其创新充分重视起来。

　　下面具体分析竞技健美操操化动作的几种创新训练方法。

一、抗阻训练法

　　在竞技健美操操化训练中,为了提高运动员练习的难度,可适当施加阻力,使其在有难度的情况下完成动作,以提高其力量素质和动作完成能力,实现理想的练习效果。

　　在健美操操化动作训练中可采取以下两种练习方法进行抗阻训练。

(一)负重练习

　　在训练过程中将一定重量的东西如沙袋绑在手臂上或者腿上,增加阻力,提高难度。一般在组合或成套动作的练习中采用这一方法。

(二)借助弹性带辅助练习

　　操化辅助练习要借助弹性带完成,弹性带由弹性材料制作而成,弹性较大，所以练习时动作幅度越大，弹性带带来的阻力就会增加。一般在单个动作或控制类动作的练习中采用这一方法。

二、意念训练法

在运动员运动技术的形成与发展中，其自身的心理活动或头脑中的动作表象发挥着重要的支配与调节作用。越复杂的技术动作，越需要表象的调节，所以说学习的动作越复杂，心理活动所起到的调节的作用就越重要。在竞技健美操操化动作训练中，练习次数的多少固然会影响动作完成的熟练度与动作质量，而大脑中建立的动作概念与动作表象同样会影响操化动作的练习质量。

如果运动员在练习时肢体僵硬不灵活，上下肢不协调，与音乐节奏的契合度不强，表现力弱，没有激情，而且即使教练员一再纠正也效果不明显，那么这时可采用意念训练法进行训练，运动员在大脑中通过之前建立的动作概念与动作表象对动作的用力方法、方向、先后顺序、节奏等进行回忆与想象，同时在音乐律动下想象如何完成动作，并进一步完善大脑中的表象。这种训练方法既有助于避免运动员消耗太多的体力，又能调节训练氛围，使运动员心情放松，情绪稳定，提高练习效率。

三、变奏训练法

在竞技健美操操化动作训练中，为了使动作更准确、连贯，使身体对动作的控制更自然，可适当改变动作节奏进行变奏练习。一般在变奏训练中，是将动作节奏放慢，这对于操化动作定位与学习非常有利，而且能使运动员更深刻地感受操化动作的艺术性和独特性，强化体验。放慢节奏进行练习时，可以先两拍一动练习，熟练后调整到正常节奏，一拍一动进行练习，当运动员熟练操化动作后，也可将音乐节奏加快，提高练习速度。

需要注意的是，进行慢节奏练习时，动作的完成时间比正常时间久一些，身体姿态定位的时间长一些，但动作的完成速度不能降低，否则会影响身体对动作的控制力。

四、反馈训练法

将运动员的练习结果反馈给运动员本人,使其观察、分析、评判自己的练习情况,然后通过不断训练来加以改正与完善,这就是反馈训练法。在反馈训练中,运动员接收到的反馈结果是一种刺激信息,刺激其不断改善自己的动作。反馈的方式大概可以分为外部反馈和内在反馈两种,一般在初级练习阶段运用外在反馈,在高级练习阶段运用内在反馈。下面说明外在反馈的运用。

初级练习阶段,运动员的注意力不容易较长时间集中,无法准确进行动作定位,不了解发力顺序,动作节奏把握不当,这时运动员内部体验所起的作用比较有限,需要借助外部反馈形式来帮助其精确地感知动作。例如,拍摄运动员练习时的错误动作,运动员观看录像中自己的表现,并和正确的动作做对比,然后改正错误;运动员对着镜子练习,及时发现自己的问题并予以调整。在正确动作的练习上也可以利用反馈训练方法来达到巩固与提高的效果。

在竞技健美操操化训练中,对于训练内容与训练方法的选择与创新都要以运动员的实际情况为依据。上面分析的训练方法各有特色,都有重要的功能价值,各种训练方法虽然是独立的,但也存在着一定的联系,在训练实践中往往会选用几种不同的训练方法。以训练目的与任务、训练对象、训练内容、训练条件等情况为依据而选用训练方法时,被选的多种训练方法相互渗透、相辅相成。教练员必须灵活运用训练方法并不断创造与设计新的训练方法,以促进健美操运动员专项技能水平的提高。

第八章

健美操教师课程设计的专业技能培养

作为一名合格的健美操体育教师，必须要具备出色的健美操课程设计能力，这一能力涉及多个方面，如教学内容的编制、教学活动组织、运动负荷的调控、教案的设计等。以上几种能力都属于健美操体育教师的专业技能，在平时的教学中，健美操教师要非常重视以上几项专业技能的培养，这样才能更好地指导学生参加健美操教学活动，促进教学质量的提高。

第一节　健美操教师的教学内容编制技能培养

一、教学内容编制技能的特点

（一）时代一致性

在现代教育背景下,体育教学的内容越来越丰富,与以往的教学内容相比,如今的教学内容非常符合时代发展的要求,符合学校教育的要求,通过多样化的教学内容的传授,学生极大地提升了自身的体育素养。而伴随着学校教育的进一步发展,学生的体育需求也在不断增加,这就要求体育教师要不断更新自己的知识水平,提高自己的运动技能,为学生的体育学习提供良好的指导和帮助。众多体育教学内容的出现,向体育教师提出了严峻的挑战。体育教师要依据学校体育教育的特点与规律,结合学校具体实际和学生的学习基础编制出科学合理的教学内容。以上这些都深刻体现出教学内容编制技能的时代一致性特点。

（二）知识体系的科学性

体育教学对体育教师的教学技能有着很高的要求,与其他技能不同,教学内容编制技能具有非常独特的特点。体育教师必须要具备出色的体育教学内容编制技能,这是体育教学活动顺利开展的重要保证。体育教学内容的编制要求体育教师必须要具备丰富的理论知识,同时还要求具备较高的教学内容表达水平。

体育教学内容的编制,要求体育教师必须具备教育学、心理学、运动学等方面的理论知识,同时还要熟悉和掌握运动技能发展的规律与特点,这样才能为体育教学内容的编制提供必要的理论指导。体育教师在编制体育教学内容的过程中,不仅要注意教学内容知识的表达用语,还要注意知识表达的层次性和逻辑性,不能照抄照搬教学内容,要依据具体的教学实际进行编制。以上内容及要求充分体现出教学内容编制技能的知识体系的科学性特点。

（三）设计艺术性

体育教学内容编制的艺术性主要体现在编制内容的新颖多样性、编制内容的结构完整性等方面。作为合格的体育教师，必须要具备出色的教学内容编制的能力，编制的教学内容要保证学生能轻松、愉快地接受，从而培养出高素质的体育人才。体育教师掌握出色的教学内容编制技能，不仅能在教学过程中展开精妙的教学构思，促进教学过程的创新，还能设计出更加合理和个性化的教学内容，整个过程彰显出明显的艺术性特点。

（四）系统完整性

体育教学内容属于一个有机组合的整体，属于一个大的系统，在这一系统之中又存在着多个小的系统，系统内各项要素之间相互联系、相互促进，共同推动着体育教学内容的发展和完善。体育教师在编制教学内容的过程中要有一定的目的性，同时还要保证教学内容之间的连贯性，各项教学内容的衔接要自然，形成一个完整的整体。除此之外，体育教学内容编制技能本身也具有系统性的要求，如教学内容选择、教学内容改编与教学内容安排之间就存在着密切的联系。以上内容都充分表明体育教学内容编制技能具有系统完整性的特点。

（五）教学活动实施的基础性

在体育教学系统中，体育教学内容的编制是教学活动实施的重要前提和基础。为保证教学活动的顺利开展，体育教师必须要具备出色的体育教学内容编制技能。这一方面同时也是教学工作计划制定中的工作内容。无论是学年教学计划、学期教学计划，还是单元教学计划、课时教学计划，教学内容都是其中非常重要的内容。体育教师在制定这些教学计划的过程中，要十分重视教学内容的编制，这样才能为教学活动的组织、学生的学习等奠定良好的基础。

总之，在体育教学中，掌握体育教学内容编制技能是实现教学目标与任务的重要前提和保障,它是教学活动实施的重要基础。因此说,体育教师的教学内容编制技能具有教学活动实施的基础性特点。

(六)内容编制的针对性

在体育教学中,教学内容的编制不是盲目进行的,而是在教学目标的引领下确定具体的教学内容。因此说,体育教学内容编制技能具有一定的内容编制的针对性特点。需要强调的是,在体育教学内容编制的过程中,无论是编制的内容还是编制的对象都要有一定的针对性。体育教师要依据既定的教学目标,合理有序地编制教学内容。体育教师要掌握出色的教学内容编制技能,编制出符合教学要求和学生特点的教学内容。

二、健美操教学内容编制技能训练

在健美操教学中,体育教师教学内容编制技能的训练主要涉及教学目标的确定、教学内容的编制技巧、教学内容编制的评价与反馈等三个方面。

(一)确定教学目标

为保证健美操教学内容编制活动的顺利进行,体育教师首先就要依据具体的教学实际和学生的运动基础、学习能力等确定科学合理的教学目标。可以说,教学目标的确定是教学内容编制技能训练的起点,只有掌握了确定教学目标的技能,才能学习与掌握健美操教学内容编制的技能。

一般来说,健美操的教学目标主要包括水平教学目标、学年教学目标、学期教学目标、单元教学目标和课时教学目标等几个部分,每一个教学目标都有不同的作用,一个个小目标的实现才能有利于大目标的实现。在具体的健美操教学中,不同的教学计划有着不同的教学目标,作为体育教师,一定要掌握教育学、运动学、生理学、心理学、哲学等多方面的知识,依据具体的教学实际和学生的特点制定出合理的教学目标。

(二)教学内容的编制技巧

作为一名合格的健美操教师,一定要具备基本的教学内容编制能力,掌握各种编制的技巧。要想更好地提高健美操教学内容编制技巧与能力,就要进行必要的训练,一般来说,训练的内容主要包括教学内容的选择、改编和安排。

健美操教师编制教学内容的技巧可以通过以下训练习得。

第一,在进行训练的过程中,体育教师首先要详细了解健美操这一运动项目的特点、发展规律和基本的技术规格,然后结合学生的身心发展特点与规律、学习能力与运动基础等筛选合适的教学内容。

第二,健美操教师要充分运用多学科的理论知识,加强健美操与其他运动项目,如体育舞蹈、体操、瑜伽等项目的混合搭配,创新出合理的教学内容,这样能有效激发学生学习的积极性。需要注意的是,创新搭配的内容不是盲目的,必须要合情合理。

第三,体育教师在进行健美操教学内容安排技能的训练中要注意教学的实际,既要统筹安排长期的教学内容,又要考虑短期的教学内容,做好合理的搭配,这对于学生健美操水平的提高具有重要的意义。

(三)教学内容编制的评价与反馈

1.健美操教学内容编制的评价

一般来说,健美操教学内容编制的评价主要分为两个部分,即专家、同行评价和学生评价。

(1)专家与同行评价

一般来说,专家都有着丰富的知识积累,他们对健美操的认识都比较深刻,都有着自己独到的见解,他们对教学内容的编制能提供各种建设性的意见。同行则指的是体育教师,体育教师与学生接触最多,对学生的身心发展特点及学习情况都比较了解,因此能为健美操教学内容的编制提供充分的实践经验,编制的健美操教学内容相对来说比较可靠。

(2)学生评价

学生评价是指经过学习实践评价的教学内容。在健美操教学活动中,学生是教学内容的体验者,他们对教学内容的评价可以说最后发言权,他们能清楚地了解健美操教学安排得是否合理。因此,体育教师一定要重视学生的评价。

2.健美操教学内容编制的反馈

健美操教学内容编制的反馈也是非常重要的一个部分。这一环节主要是根据专家、同行的意见以及学生的反应对健美操教学内容的安排作出一个基本的判断,然后再结合具体的教学实际进行适当的调整,通过这些环节的努力不断提高编制健美操教学内容的能力。

三、健美操教学内容编制技能训练的要求

(一)紧扣教学目标,合理编制教学内容

体育教师在进行健美操教学内容编制训练时,要合理地把握"目标统领内容"的基本要义,依据健美操教学目标编制各项内容,不能脱离了教学目标,否则编制的教学内容就失去了意义。在编制健美操教学内容的过程中,体育教师需要做好以下几个方面的工作。

第一,体育教师在编制健美操教学内容的过程中,要重视各项内容的内在逻辑性,要充分考虑各项内容内部之间的关系,也要考虑不同内容之间的关系。

第二,体育教师在编制健美操教学内容时,首先要充分理解与把握教学目标,一切教学内容的编制活动都要围绕教学目标进行。

第三,健美操教学内容的选择与安排还要依据课程标准进行,编制的教学内容要利于学生的身心发展,与教学实际相符合。

第四,体育教师要根据现有的资源进行改编,改编的过程中需要遵循由低到高、由易到难、由简到繁等基本规律。

总之,体育教师在进行健美操教学内容编制技能训练时要严格遵循教学内容的逻辑性,编制出合理的教学内容。

(二)结合学生身心特点,科学选择教学内容

对于学生而言,他们在不同的成长阶段都表现出不同的特征。如在小学阶段,理解能力有限、容易受外界环境的干扰、活泼好动等;在

中学阶段,自尊心大大增强,认知水平、意志、个性、自我意识等都获得进一步发展。在高中、大学阶段,学生的个性进一步发展,自信心以及参与性大大增强,非常注重他人的评价。因此,体育教师在进行健美操教学内容的编制时一定要结合学生的生理与心理特点进行,不同阶段选择与设计不同的教学内容。这样才能提高自己编制健美操教学内容的能力,同时也有利于学生的发展。

除了要遵循学生的生理与心理特点外,体育教师在编制健美操教学内容时还要兼顾教学技能形成与发展的基本规律。健美操属于体育教学的重要内容,与其他课程不同,健美操注重学生的身体练习,注重人体的感知技能和操作技能。人的感知技能的形成主要经历选择适应、理解加工和巩固恒长等几个阶段;在操作技能的形成过程中经历了定向阶段、模仿阶段、联合阶段和自动化阶段,因此,在编制健美操教学内容的过程中,体育教师一定要结合学生的身心发展特征进行,编制的教学内容要能促进学生感知技能和操作技能的发展。如此编制出的教学内容才是科学、合理的,才有利于健美操教学质量的提高。

(三)利用已有经验,改编现有教学内容

通过多年的教学,体育教师通常都具备了一定的教学经验和理念,这为他们选择与改编健美操教学内容提供了良好的基础。伴随着现代教育的不断发展,健美操教学中有很多内容已不再适合教学实际,因此,对现有的教学内容进行改编和整合是尤为必要的。体育教师在健美操教学内容改编的过程中,要充分利用已有的经验,结合学生的学习实际进行改编,这样才是合理的做法。

(四)灵活运用编制方法,有效安排教学内容

体育教师要想提高自己的教学内容编制技能,必须掌握并灵活运用编制方法。只有在选择和改编的基础上合理地安排教学内容,健美操教学才显得生动和有趣,才能激发学生学习的积极性。灵活运用编制方法主要在于体育教师能尝试改造固有的教学内容,对各种教学方法进行合理的搭配,有所创新。

合理地编排健美操教学内容,通常能取得不错的教学效果。健美

操教学内容的安排要对具有新旧、难易、繁简等不同特色的教学内容进行合理的搭配,既重视教学内容之间的相互协同,又注重其内部规律和逻辑性;既重视整体布局,又注重细节设计。如在安排健美操学期计划时,既要考虑新课标、教材和水平的全局目标及教学内容编排,又要细化到单元、课时的教学内容分配,合理有效地完成健美操的课时教学内容,尽早地实现健美操学期教学目标。这对于体育教师的编制能力提出了较高的要求。

(五)注重反馈与调节,整体评价编制的教学内容

在健美操教学内容编制的过程中,体育教师还要非常重视教学内容的反馈与调节,根据评价反馈信息来编制与调整教学内容。健美操教学内容的编制可以说是一个反复修改的过程,这一过程包含大量的工作,体育教师要将编制完成的教学内容通过集体备课或者微格教学等教学手段,让其他体育教师或者专家进行评价,然后针对反馈信息进行调整和修改,这样才会获得较为理想的编制效果。

健美操教学内容的评价具有多样性的特点,在评价的过程中,不仅要看是否完成了教学目标,还要看制定的教学内容是否符合学生的身心特点与教学实际,还要看是否符合现代学校教育的要求等。只有从整体上对健美操教学内容的编制进行评价,才是合理和有效的,才能促进体育教师健美操教学内容编制技能的进一步提高。

第二节　健美操教师的活动组织技能培养

一、活动组织技能概述

(一)活动组织技能的特点

1.可操作性

作为一名合格的健美操教师,必须要具备出色的活动组织技能,这是健美操教学活动顺利开展的重要保障,也是教师教学组织能力的重

要体现。一般来说,体育教师的教学活动组织技能主要包括队列队形调动口令、教学步骤以及课堂常规、分组练习、场地器材利用等几个环节,体育教师在平时的教学中,一定要注意以上几个环节的练习,争取在具体的教学实践中应用自如,从而提升自己的活动组织技能。从以上内容来看,体育教师的活动组织技能具有明显的操作性特点。

2. 安全性

与其他的体育教学一样,健美操教学主要以人的身体运动为主,受各种主观或客观因素的影响,学生在参加健美操教学活动的过程中难免会出现一定的失误,有可能导致运动损伤。由此可见,健美操教学活动中还是存在一定的危险性的。因此,体育教师在组织学生参加健美操活动时,要做好充分的准备活动,设计合理的组织形式、选择合适的教学方法,合理地布置场地器材等,争取排除一切安全隐患,确保健美操教学活动的安全。因此说,体育教师健美操教学活动的组织技能具有一定的安全性特点。

3. 灵活性

健美操教学活动具有一定的复杂性特点,为保证健美操教学活动的顺利开展,体育教师要进行合理的组织,组织的形式是灵活多样的,活动安排要保证具有一定的弹性,不同的教学内容以不同的组织形式进行,通常能取得不错的教学效果。在健美操教学中,有可能会出现一些突发事件,体育教师要根据实际情况及时合理地调整教学计划,以适应发展和变化着的教学实际。由此可见,体育教师的活动组织技能具有一定的灵活性特点。

4. 规范性

健美操教学活动组织技能还具有一定的规范性特点,这一特点主要体现在体育教师通过不断练习,逐渐合理地安排教学结构和时间之间的关系,协调好分组与调动之间的接点,组织好课堂的活泼与混乱之间的矛盾,营造出一个轻松活跃的学习氛围。只有教学活动合理、规范和有序了,才有可能提高健美操教学的质量和效果。

5. 有效性

健美操教学内容相对来说比较复杂,整个教学活动中充满了变数,良好的教学活动组织技能可有效控制教师、学生双方的活动过程,稳定课堂秩序,高效调配人员和器材,保障教学活动的顺利完成。由此可见,健美操教学活动组织技能具有一定的有效性特点。

6.严谨性

总体而言,制约和影响健美操教学活动的因素是比较多的,教学活动中的各要素相互作用和变化,作为体育教师,必须要考虑到教学过程的每一个细节和可能发生的意外状况,事先制定教学方案或计划,按照既定的教学计划或方案展开教学活动。这样不仅能保证健美操教学活动的顺利进行,还能有效调动学生学习健美操的积极性,营造一个轻松活跃的学习氛围,促进健美操教学质量的提高。以上这些都充分表明健美操教学活动组织技能具有一定的严谨性特点。

(二)活动组织技能的作用

1.激发学生学习的动机

通过多种形式的健美操活动,学生能建立学习健美操的兴趣,形成正确的学习动机。在具体的健美操教学中,体育教师可以根据活动场地及器械,教学内容和学生情况,采用不同的活动组织形式,激发学生学习的积极性,促使他们以积极的心态投入到健美操教学活动之中。通过参加各种形式的健美操教学活动,让学生深刻体会到健美操这一运动所带来的身心愉悦。

2.创造良好的课堂教学氛围

良好的课堂教学氛围对于健美操教学质量的提高具有非常重要的意义,在浓厚的教学氛围下,能形成良好和谐的师生关系、生生关系,促进学生的学习和思维的发展。在良好的课堂教学氛围下,学生的大脑皮质始终处于亢奋状态,能促进学生以积极饱满的精神状态投入学习之中。

在具体的健美操教学中,体育教学通过运用自身的活动组织技能,如教学活动转换、组织分组变换等,创造良好的课堂氛围,充分激发学生的学习热情,营造更加轻松和谐的教学氛围,从而提高教学质量。例如,体育教师可以指导学生采用随机分组的方式进行健美操教学比赛,观察学生的技战术水平,然后利用异质分组,根据学生的水平进行高水平和低水平的分组配合,实现良好的互动教学,创造一个紧张、活泼、有趣的课堂氛围。

3.唤醒和维持学生的注意力

在健美操教学中,为了有效地组织学生参加活动,体育教师要采取各种手段和措施唤起学生的注意力,让他们集中精力参与到教学活动之中。体育教师要具备出色的活动组织技能,从场地器材的布置、学生活动的队形、活动内容的转换以及组织手段的形式等方面,为学生创设良好的教学条件,促使学生在短时间内激发良好的学习状态。良好的活动组织技能还有助于学生养成有意注意的习惯,培养学生主动学习的意识。在具体的健美操教学中,体育教师可通过口令提醒、调整分组、规范课堂常规等方法,构建一个合理有序的课堂秩序,激发学生的注意力,保证教学活动的顺利开展。

4. 提升课堂教学效率

教学效率是指学生的学习收获与教师、学生的教学活动量在时间尺度上的度量,必须以教学目标为依据。提高课堂教学效率就是充分利用规定的有效时间,使尽可能多的学生较大限度地掌握和接受所教知识、技术和技能,达到较高的教学目标和良好的教学效果。在具体的健美操教学中,体育教师要采取各种措施和手段维持合理有序的教学活动,提升课堂教学的效率。如合理编排组织形式、做好健美操场地器械的布置、合理的课堂分组等,这些都是体育教师必须掌握的活动组织技能。

5. 加强教学的应变能力

健美操属于一项身体运动,在参与健美操活动的过程中,受各种因素的影响,可能会发生一些意外情况。因此,体育教师在组织健美操教学活动的过程中,要对教学活动进行精心的设计与安排,尽可能避免运动伤害事故。另外,体育教师还可以通过活动组织技能的运用,如课堂常规的贯彻、调整分组、队形调动、场地器材利用等,及时纠正学生活动的不良倾向,有效处置安全隐患,处理突发事件,加强教学的应变能力从而保证健美操教学活动顺利、安全进行。

二、健美操教学活动组织

(一)健美操教学活动组织的原则

大量的实践表明,不同的教师即使采用相同的教学手段和方法也会取得不同的教学效果,有时候这些教学效果甚至相差较大,其中一个重要的原因就是体育教师的综合素质不同。体育教师在平时的教学中,要不断增强自身的体育素养,提高教学的质量。在众多的体育素养中,教学组织和管理是体育教师的一项重要能力。科学地组织与开展教学活动,体育教师应遵循以下几个基本原则。

1. 主体性原则

在具体的健美操教学中,体育教师要依据学生身心发展的特点、健美操运动基础、学习能力等合理地设计与安排教学活动。要采取各种手段与措施引导学生积极主动地参与到健美操教学活动之中,如此才有利于实现良好的教学效果。这就是健美操教学活动组织的主体性原则,这一原则主要是以"以人为本"为基本理念,贯彻这一原则应注意以下几个方面的要求。

(1)在健美操教学中,体育教师应树立良好的学生主体观,引导学生积极主动地参与健美操教学,确立为学生的"学"而教的理念,为学生的学习提供各种服务。

(2)一切健美操教学活动都要围绕学生展开,一般情况下,在教学活动中,学生的活动时间要占据绝大部分。

(3)在具体的健美操教学活动中,体育教师应多采用启发式、发现式等教学方式,促进学生创新意识的培养和提高。

(4)在具体的教学中,体育教师还要引导学生做到学、练、问三者的结合,引导学生自觉主动地参与到健美操教学活动中。

(5)教学过程中还要尊重学生的个体差异,做到因材施教,促进学生的个性化发展。

2. 人本管理原则

在具体的健美操教学中,还要遵循以人为本的管理理念,尊重学生的个性发展,采取各种手段与措施诱导和启发学生的内在积极因素,激发学生学习健美操的积极性。除此之外,体育教师还要不断地更新自身的知识结构,以满足学生不断发展着的健美操学习需求。

另外,体育教师还要努力为学生创造一个自主发展的空间,促进学生个性和特长的发展。还要构建师生良好的沟通机制,创造良好的师生和谐发展的关系,促进师生的共同发展,这就是人本管理原则在健美操教学中的运用。

3. 激励性原则

激励主要指的是利用一定的外部诱因刺激人的内在驱动力,在健美操教学中充分贯彻这一原则非常重要。通过这一原则的贯彻与利用,能有效激发学生潜在的外部需要,促使学生形成自觉的学习行为。在具体的教学中,体育教师要结合实际情况充分利用好集体激励和个人激励的手段,如果这两种手段利用不当会造成个人和群体之间的排斥,从而不利于学生的发展,因此二者的结合使用一定要合理。

通常情况下,人的需求主要有物质需要、精神需要和心理需要等几个方面。在具体的健美操教学中,学生有着不同的心理需求,针对这一情况,体育教师要时刻注意和把握学生的心理变化情况,依据学生的具体实际采用恰当的激励手段。

4. 兴趣性原则

兴趣性原则是健美操教学活动组织的一个非常重要的原则。俗话说,兴趣是最好的老师。只有学生对健美操这一课程感兴趣了,才能积极主动地参与到教学活动之中,从而促进教学质量的提高。为激发学生学习的积极性,体育教师要根据学生的学习水平和运动基础及个性特点等设计具有针对性的教学方案,让学生愉快地学习,养成良好的学习习惯,促进学习能力的提高。

5. 发展性原则

在健美操教学中,体育教师还要遵循发展性的基本原则,充分考量学生的未来发展,实现健美操教学质量的提高。体育教师在健美操教学中贯彻发展性原则需要注意以下几点。

(1)在健美操教学中注重学生身体素心理素质和技能素质的结合发展,重视学生德、美、智素质的培养,不断培养学生的社会适应力,这对于学生将来走向社会具有重要的意义。

(2)在具体的健美操教学中,体育教师可以设计不同的起跑点培养学生的自信心,不断完善和丰富学生的专业知识结构体系。

(3)从多维度(身体素质、心理素质、技能素质、交际能力、学习态度、学习水平等)去评价学生的学习质量。

(二)课堂教学活动组织

1. 编班

合理的编班是健美操教学活动组织的重要环节。体育教师在编班的过程中要充分考虑健美操这一学科教学的特性,做到以下两个方面的要求。

第一，编班要保证学生人数大体相同，要把握好学习基础较差的学生与较好学生之间的比例，班级人数应控制在 50 人左右。

第二，可以按初级班、中级班和高级班的形式进行编班，如此能保证健美操教学活动的顺利开展。

2. 安排课表

安排课表时要充分考虑健美操课的特点，尽量安排在上午的第三节或下午。课表的安排还要注意场地器材能够得到有效的布置和使用，避免与其他体育课程产生冲突。

3. 课堂教学

（1）备课

备课是体育教师组织教学活动的重要环节和内容。备课分为集体备课和个人备课两种形式。备课的内容主要是本堂课教学目标、教学内容、教学难点和重点、组织形式、教学方法与手段的选择、课后小结等。在教师个人备课的基础上，还要组织适当的集体备课，在组织集体备课时要注意钻研教材、教法，抓住重点，统一教学要求。

（2）上课

首先，体育教师要针对具体的健美操教学实际提出一定的要求。

其次，体育教师要加强对课堂的检查与督导，组织示范课、公开课等多种课型，以进一步提高健美操教学质量。

最后，体育教师要采取各种手段与措施创造良好的教学环境，在良好的教学环境下才能促进健美操教学质量的提高。

（3）课后小结

体育教师要指导学生做好课后小结，不断改进健美操教学中的各项不足。

4. 教学考核

（1）体育教师应熟练掌握成绩考核的办法与标准，做好健美操教学考核的各项工作。

（2）体育教师要根据健美操教学目标、任务以及具体的教学大纲组织教学评价活动。

（3）评价工作完成后，体育教师要按照规定将成绩上报给学校教研室及相关部门。

(三)课外活动组织

课外活动组织也属于健美操教学的重要内容。通过健美操课外活动,学生能巩固课堂上所学的知识与技能,进一步提高自己的健美操运动水平。在具体的健美操课外活动组织中,应注意以下几个方面。

1. 树立正确组织和管理观念

明确组织和管理目标是组织课外活动、实现科学管理的前提,具体来说,需要做好以下两个方面的工作。首先,要清楚高校课外活动是教育的重要组成部分,要借由高校课外活动追求教育的整体效益。其次,要清楚高校课外活动对于扩大大学生交际、提高大学生社会适应能力的重要性,时刻关注大学生的身心健康发展。

2. 建立健全组织和管理规范

为保证健美操课外活动的顺利开展,建立一个合理的组织与管理规范制度是尤为必要的。这需要做好以下两方面的工作。

一方面,要依据学校的具体实际情况按规章制度办事。

另一方面,全面分析课外活动管理体制、指导思想、活动计划等内容,确保各项活动的顺利开展。

3. 理顺不同部门间的组织和管理关系

在组织健美操课外活动的过程中,要明确管理职责,理顺各管理者(部门)的管理关系,建立一个相互配合、协调一致的管理体制和运行机制,这样才能为健美操课外活动的顺利开展奠定良好的基础。

三、健美操活动组织技能训练的内容、过程及要求

(一)健美操活动组织技能训练的内容

1. 课堂常规贯彻技能

课堂常规是指在体育课堂教学过程中,师生共同遵守的、保证体育教学工作正常进行的一系列的基本要求。在健美操教学中,体育教师要严格控制好课堂各项活动,形成良好的课堂常规技能,确保一切教学活动的顺利进行。只有建立和形成一个良好的课堂常规,才能营造良好的学习氛围,从而促进教学质量的提高。

2.活动分组实施技能

分组教学是一种重要的教学组织形式。作为健美操教师,必须要具备基本的活动分组实施技能。通过合理的分组,可以根据不同特点的各个小组进行分类指导,提高教学的效率。健美操教师要想提高自己的活动分组技能,可以在具体的教学过程中预先设计分组方案、练习时间及调换时机,然后根据具体的教学实际调整分组的类型、人数、练习内容和时间等。

3.队列队形调动技能

健美操教学中涉及很多的队列队形的安排与调动,因此体育教师要在平时的教学中不断提高自己的队列队形调动技能。通过队列队形的调动,师生之间的交流会更加顺畅和有效,有利于取得理想的教学效果。

4.场地器材使用技能

健美操教师要想提高自己的场地器材使用技能,就需要在具体的健美操教学中不断地锻炼和提高,要本着科学、安全的原则合理布置场地与器材。另外,还需要做好以下几点。

第一,在上课之前,要仔细检查场地器材的安全性,确保教学活动中的安全。

第二,要合理地布置健美操场地器材,合理地提高学生的练习密度。

第三,做好健美操练习与场地器材的有机结合,提高教学效率。

第四,努力为学生创造一个良好的运动环境,激发学生学习健美操的积极性。

(二)健美操活动组织技能训练的过程

1.了解健美操活动组织的作用

进行健美操活动组织的主要作用是指教师通过协调各种教学因素,组织学生、管理课堂、设计教学环境、引导学生练习,从而实现既定的教学目标。健美操教学活动主要是以集体形式进行的,因此体育教师必须要具备良好的活动组织能力,组织好合理的教学秩序,为学生创造良好的学习环境。

2.确定健美操活动组织目标

确定健美操活动组织目标也是体育教师必须要做的工作内容,确定健美操活动组织目标需要注意以下几点。

第一,体育教师要能流畅合理地运用活动组织技能,确保浓厚的课堂氛围。

第二,维持良好的教学秩序,教学组织层次分明,教学活动顺利开展。

第三,活动分组实施得当,符合教学内容和规范要求,队列队形安排和调动达到自动化水平。

第四,场地器材使用娴熟恰当,确保运动安全。

3. 掌握健美操活动组织方法

健美操教师还需要掌握活动组织的方法,这样才能指导学生顺利地参加教学活动。活动组织方法主要体现在体育教学组织形式的选择和运用方面,讲解示范时采用集体组织形式,活动练习时采用分组组织形式,纠错帮辅时采用个别指导等。活动组织形式并不是越丰富越好,要根据教材内容、场地器材和学生的实际情况合理地采用分组教学。分组教学时,应把主要力量放在新授内容的小组;安排教材转换顺序时,应多照顾体弱组和女子组;要选好体育委员或骨干,让他们起到辅助教师的作用,同时这也能锻炼他们的活动组织能力。

4. 案例分析和经验总结

通过案例分析能在一定程度上加强活动组织技能训练的真实感,提高训练的难度;总结经验可以反思教学过程中课堂常规是否严格贯彻,活动分组安排是否高效灵活,队列队形调动是否合理紧凑,场地器材使用是否安全得当等。这两方面健美操教师都要引起重视。

(三)健美操活动组织技能训练的要求

1. 列出布置场地设施的图例,并进行评议

为保证健美操教学活动的顺利进行,体育教师还要学会如何合理布局场地器材,这是上好健美操课的重要保证。教师在上课前列出布置场地设施的图例,按照上课流程进行评议,能充分利用场地器材,提高场地使用率;有利于课堂组织队伍的调动,合理安排练习强度,增加学生练习的次数,提高课堂效率。体育课堂的组织方法与场地的大小团器材的数量有着直接的关系。为了实现健美操教学目标,健美操教师必须要合理地利用现有的场地器材,组织与策划好教学活动,保证良好的健美操教学效果。

2.加强课堂常规、队列队形调动的模拟练习

健美操教学活动中涵盖着各种复杂的元素,即使再周密的设计与规划都可能会遇到变数和意外;另外,教学组织活动是一个完整的教学系统,在前进过程中是由一个个相互联系、前后衔接的环节构成的,其中任何一个环节的活动如果脱离了整体或与整体不协调,就会削弱整体的效果。因此,体育教师必须要加强活动组织技能训练,提高队列队形调动能力,保证教学活动顺利开展。

3.掌握教学分组类型,反复实践体验分组及调动过程

在健美操教学中,学生是重要的主体,因此体育教师要充分了解并研究学生,根据学生的具体实际进行合理的分组。了解并研究学生的具体情况,还有利于体育教师制定或修订科学的、符合学生的、操作性强的体育课堂常规及正确执行教学常规的方法措施,组织有效的教学活动,这有利于健美操教学目的实现。

4.观摩优秀课例,提高教学组织技能

观摩优秀教学课例也是健美操教师提高自己教学组织技能的有效途径和手段。从健美操的优秀课例中,健美操教师可以了解先进的教学理念、教学手段和教学技巧、驾驭课的教学组织技能和场地器材合理布局,从而更好地提高自己的活动组织技能。

第三节　健美操教师的负荷调控技能培养

对于健美操教师而言,在组织健美操教学的过程中必须要做好健美操活动的负荷调控,这也是健美操教师所必须要掌握的一个重要技能。

一、运动量调控技能

(一)运动量掌控的方法

1.心率检测法

在参加完健美操教学活动后,体育教师可以指导学生及时检测自

己的心率,心率 =(M 次 /10 秒)×6,若要计算平均心率可用每次检测的心率相加除以检测的次数。一般脉搏指数保持在 120 次 / 分以下为轻微运动负荷,140 ~160 次 / 分为中等运动负荷,170~180 次 / 分为较大运动负荷,可以通过这些指数来判断运动负荷是否适宜。

基本公式为:运动指数 = 课中学生平均心率 ÷ 运动前安静心率

2. 察言观色法

通过察言观色法也能在一定程度上判断学生的运动负荷情况。察言观色法主要有以下几个方面,对教师的能力要求较高。

望——观察学生的精神状态,脸色是否正常,是否有出汗现象等。

闻——听学生的呼吸情况。

问——询问学生的自我感觉。

切——心率检测就是一项重要的内容。

3. 自我感觉

学生通过自我感觉也能在一定程度上判断健美操运动负荷情况。如饮食、睡眠、精神及对练习的兴趣等都是重要的自我感觉内容。

4. 疲劳判断法

疲劳判断法是利用疲劳程度判断运动负荷情况(表 8-1)。

表 8-1　利用疲劳程度判断运动负荷情况

观察内容	浅度疲劳	中度疲劳	深度疲劳
面色	稍红	相当红	十分红或苍白、紫蓝色
汗量	不多	较多(特别是肩带部分)	大量出汗(特别是躯干部分)
呼吸	中速稍快	显著加快	急促、表浅、节奏紊乱
动作质量	动作准确和步态稳定	动作摇摆不定	动作失调、步态不稳、反应迟钝
表情	情绪愉快	略有倦意	精神疲乏、站立姿势不端正、自制力不足

(二)运动量掌控的策略

在具体的健美操教学中,合理地掌握运动量,体育教师可以尝试采取以下几个策略。

第一，做好教材的合理搭配。运动负荷较小的单一教学内容应与素质练习搭配一起，确保良好的教学效果。

第二，适当地加大练习密度，即在练习组数上增加，间歇时间减少。

第三，体育教师的示范、讲解要生动，富有创意，能有效激发学生学习的积极性。

第四，根据场地、器材等客观条件合理地安排运动负荷，提高学生学习健美操的自信心。

第五，依据学生的学习实际和现有的教学条件及时合理地调整教学目标，控制运动负荷。

二、练习密度调控技能

(一)影响练习密度的因素

在健美操教学中，课堂密度主要指的是课中各种活动合理运用的时间与课的总时间的比例。具体的健美操教学活动主要包括学生练习、教师指导、教学组织策略、学生相互观察、保护与帮助及必要的休息等内容。在健美操教学活动中，学生练习的时间与课的总时间的比例称为练习密度。控制合理的练习密度是非常重要的，体育教师要善于根据健美操课的教学任务、教材及学生的特点、教学条件等，合理地增大课的练习密度，帮助学生有效促进身体素质的提高，促进健美操运动水平的提升，尽早实现教学目标。

(二)练习密度掌握技能的方法

1. 认真备课

备课是体育教师所必须具备的一项基本素质。备课时教师要充分了解与掌握学生的基本情况，包括个性特点、运动基础、学习能力等。除此之外，还要充分了解健美操的场地、器材等情况，如此才能制定出合理的练习密度。

2.研究教材

为保证健美操教学活动的顺利开展,体育教师还要仔细研究教材,根据课程标准、教学计划和教学进度,确定和掌控健美操课的练习密度,保证教学活动的顺利开展。

（1）研究教材的目的、意义与特点

研究教材的首要步骤是研究教材的目的、意义与特点。体育教师首先要明确健美操教材的目的意义,分析健美操教材的特点,再进一步认真研究健美操教材的关键和重、难点。然后再结合学生的实际情况,认真考虑教学重点、任务、内容、要求、步骤、教学条件以及所需要采取的组织教法等策略。

除此之外,体育教师还要深入挖掘健美操教材的思想内容和潜力,利用合理的场地布置组织教学活动。同时还要不断改进教学方法,确定合理的运动负荷,加大练习的密度,指导学生有效地提升自己的健美操运动水平。

（2）改进组织教法,提高教学技巧

体育教师制定合理的健美操练习密度,首先就要根据自己钻研时所制定的组织教法,针对每项具体教法措施,要逐个亲自体验,同时记下时间,然后结合对象特点和场地器材条件,决定每项练习次数,将一次练习时间乘以该项教材总的练习次数,就得出该项教材的练习时间,最后将全部练习时间相加除总时间,所得的商是该次课的练习密度。

(三)课堂练习密度计算的方法

通过测定数据,计算出全课的练习密度。课的练习密度计算公式如下:

课的某部分练习密度 = 某学生部分练习总时间 ÷ 课的某部分总时间 × 100% ,整堂课练习密度 = 某学生全课练习总时间 ÷ 课的总时间 × 100%。

第四节　健美操教师的教案设计技能培养

作为一名合格的健美操教师,还必须要具备基本的教案设计能力,只有如此,体育教师才能根据事先制定好的健美操教案科学地组织与开展教学活动,保证健美操教学的质量。

一、教案设计的概念与价值

(一)教案设计的概念

教案是指教师为顺利而有效地开展教学活动,根据课程标准要求和学生实际情况,在教学活动之前,以课时为单位,对教学内容、教学步骤、教学方法等进行具体设计和安排的教学实施方案。

对于健美操教师而言,必须要学会制定教案的技能。教案集中体现了体育教师的教学思想、教学方法和教学组织能力等。设计教案的主要目的在于提高课堂教学效率,促进学生健美操运动水平的提升。

(二)教案设计的价值

1. 提高健美操实践课教案质量

大量的实践表明,健美操实践课教案的效果会直接影响到课堂教学效果,因此,体育教师一定要学会如何制作健美操教案。健美操教案的设计要求体育教师熟知教案的基本构成要素及各要素之间的关系,并要熟练掌握每一要素的设计技能,这一点非常重要。

2. 提升体育教师健美操专业素养

在健美操教案设计过程中,体育教师要针对每一个环节认真琢磨、深入钻研,对每一个部分的内容进行优化和调整,通过一系列工作的开展,无形之中提高了健美操教师的专业素养。

3. 提高健美操课堂教学效果

体育实践课教案在一定程度上体现了体育教师的教学思想、教学方法和教学组织能力，可以说这一教案是健美操教学活动顺利开展的基本保证。因此，体育教师认真做好教案设计，对提高体育教学质量有着重要意义。

二、健美操教师教学设计能力的培养

(一)健美操教学目标的设计

1. 准确理解课程标准

一般来说，健美操课程标准的内容主要包括课程性质、指导思想、基本理念、课程目标及实施细则等内容，这一课程标准与我们通常所说的教学大纲有着本质的区别。作为一名体育教师必须要准确理解课程标准的实质制定教学目标。体育教师可以充分运用网络的形式研习最新的体育课程标准，深入理解专家对课程标准的解读，为体育教学目标的设计奠定良好的基础。对于健美操教学来说，也要结合国家制定的体育课程标准确定好健美操的课程标准，这一点非常重要。

2. 钻研教材

没有了教材，健美操教学活动就难以顺利进行，因此，体育教师一定要在平时注意钻研健美操教材，了解教材的特点以及核心要素，重点分析教材的基本结构，然后选择与运用适合该教材的教学方法与策略，这样才能为学生的学习提供良好的帮助，促进健美操教学质量的提高。

3. 研究学生

在健美操教学中，学生是重要的主体，体育教师要本着"以人为本"的教学理念组织与开展教学活动。在上健美操课之前，体育教师要详细了解与掌握学生的基本情况，对学生做出细致的研究与分析。

（1）研究学生的身体发展情况，根据学生的身体情况合理安排健美操教学内容。

（2）研究学生对运动技能的接受能力。一般来说，体育教师应该围绕不同时期的学生的特点来安排健美操教学内容。

（3）研究学生的性别差异。男女学生对健美操的需求存在着一定的差异,因此体育教师要重视这一差异,结合学生的性别差异合理安排教学内容。

4.分析教学目标的要素

健美操教学目标主要包括行为主体、完成的课题、完成课题的条件和完成课题的结果四个方面的要素。如果在教学目标中,特别是在运动技能目标中包含这四个要素,其教学结果就能让听评课者对一节课的好坏一目了然,这对学生的导学作用更强,也能使教师在课后做小结的目标更明确。因此,体育教师要想设计出合理的教学目标,就要详细地分析以上各项要素,做到心中有数。

5.课后小结

课后小结主要是总结本次课的学习情况,其中分析教学目标是一项重要的内容。体育教师要在课后做出深刻的反思,深入细致地分析教学目标是否合理,如果教学目标制定得不合理就要采取必要的措施和手段及时修改和调整。

6.模仿优秀教学案例

为提高健美操教学目标的设计能力,体育教师可以以优秀的教学参考书、优秀教学用书为模板,分步进行教案制作的练习。第一步,可以选择教学内容,对照优秀教学案例直接模仿。第二步,可以根据优秀教学案例,自己先设计教学目标,然后进行比较,发现自身的不足。

(二)单元设计能力

1.认真研究课标与教材,初步确定三维目标

在健美操教学中,体育教师为提升自己的单元教学设计能力,首先就要充分了解与掌握健美操的教学结构,确定合理的三维目标。

(1)初步确定本学年和本学期、本单元的教学目标,并对健美操教材进行初步的单元组合。

(2)研究健美操教材中涉及知识、技能、方法和态度等方面的内容,明确健美操教学中各阶段目标之间的关系。

(3)准确把握健美操教材的技术结构、重点与难点,为单元教学目标的确定奠定良好的基础。

(4)分析与本单元有关的内容在健美操教科书中的安排。

2.认真研究学生,确定单元教学目标

在健美操教学中,体育教师除了研究学生的知识掌握情况和健美操运动基础外,还应研究学生的经验、思维方法和态度。在此基础上,确定健美操单元教学目标。同时,体育教师还要注意制定的单元教学目标会存在哪些问题,要采取合理的措施去解决问题。

3.确定与单元教学目标有关的教学内容与方法

在具体的健美操教学中,体育教师应根据活动主题选择合适的方式。比如:在一个活动主题中可以采用几种不同的形式和方法;在课堂教学中所采取的具体做法能充分体现本次课的教学思路;考虑如何实现学习目标或教学目标的途径,解决"怎么学"和"怎么教"的问题;考虑教学媒体的选择和应用,根据不同的情况选择不同的教学媒体或教学资源等。

4.确定评价学生的考核方法

体育教师要想提高自己的健美操教学设计能力,还要做好学生的考核,制定合理的考核学生学习成绩的方法。在明确终结性评价之后,体育教师能够将其更加清晰地转化为形成性评价的内容,并进一步明确单元的教学目标。要想学生在最好的教学评价中获得好的成绩,就必须在教学过程中进行形成性评价。将终结性评价与形成性评价结合起来进行,这样才能获得理想的教学评价效果。

三、健美操课程教学设计示例

下面对健美操课程教学设计进行示例(表8-2、表8-3)。

表8-2　《赞赞新时代》教学案例

课程归属	体育与艺术教学部	主讲教师	赵艳
课程名称	《大众健美操》	授课班级	健美操选项班
授课时间	周一5、6节	授课地点	文体活动中心体操房
周次	第3周	授课时数	2
章节名称	自选动作《赞赞新时代》8个8拍		

教学目标	知识目标	1.掌握身体姿态坐、立、行动作的要领； 2.了解身体姿态练习的必要性和意义； 3.掌握《赞赞新时代》8个8拍基本动作的技术要领； 4.了解健美操的文化内涵，感悟运动健身的优点与美学元素； 5.了解大众健美操的健身价值
	能力目标	1.能够纠正不正确的身体姿态； 2.在音乐的伴奏下能够规范完成自选动作《赞赞新时代》8个8拍； 3.能够掌握动作的规范性、弹性、节奏感三个关键点； 4.能够养成注重形体美的习惯，提高小组完成动作的规范统一性
	育人目标	1.培养学生爱国主义的情怀； 2.培养学生身体的姿态美，加强形体美的审美观教育； 3.培养学生持之以恒、精益求精的意志品质； 4.培养学生互学互助、团结协作的集体主义精神； 5.培养学生永不服输、顽强拼搏的体育精神； 6.培养学生"终身体育"的意识和锻炼习惯
教学重点		在音乐的伴奏下规范完成自选动作《赞赞新时代》8个8拍技术动作
教学难点		掌握纠正不正确身体姿态的能力；做健美操动作时身体的弹性、动作的规范性、上下肢的协调性
教学关键点		在练习过程中，用当代大学生应有的阳光、活力、乐观、自信的精神状态去展示动作，用健美操肢体动作去体会"新时代"的美好，展现当代大学生朝气蓬勃、积极向上的精神风貌。
教学方法		线下教学（讲解法、示范法、分组练习法、纠错法、比赛练习法）；线上教学（自主学习，课前运用"超星学习通"学习线上资源，课后答疑讨论）
教学手段		混合式教学（线上超星学习通＋线下课堂学习）
教学设备		超星学习通App、多媒体、音响、扩音器、把杆、体操垫
上课材料		教材（肖光来《健美操》人民体育出版社）、课程标准、授课计划、教案、PPT课件、视频资源
教学内容		一、课前导学： （一）线上赏析音乐，了解音乐背景； （二）拍摄身边不正确的身体姿态，思考如何纠正不正确的体态。 二、课中扩展： （一）学习正确的身体姿态（坐、立、行）； （二）学习大众健美操自选动作《赞赞新时代》8个8拍； （三）身体素质训练 三、课后延伸： （一）线上提供相似风格和背景的音乐供学生进行4-8个8拍创编； （二）教师评价自编动作

续表

课程思政设计理念	本节课以自选动作背景音乐《赞赞新时代》为切入点，这首音乐创作于改革开放 40 周年的 2018 年，曲风欢快轻松，演唱者用自己朝气蓬勃的青春状态和奋进拼搏的态度演绎出"新时代、新力量"，歌词内容表达了新时代的到来，国家日新月异的变化，美好的未来可期，让人们情不自禁地"赞赞"，拥抱美好未来，为祖国祝福。学生通过了解赏析音乐的创作背景和所体现的时代意义，去搜集中国自改革开放到进入新时代以来令国人称赞的举世成就，从而感受自己作为生活在新时代的当代大学生，要用怎样的实际行动为实现中华民族伟大复兴的中国梦而努力奋斗。进而课堂上在《赞赞新时代》音乐的伴奏下，通过健美操肢体动作，以朝气蓬勃的精神状态展现当代大学生积极向上的青春风采

课堂教学过程设计

课时部分	教学内容	运动量			组织教法与学练法		课程思政教学思路
		时间	次数	强度	教师活动	学生活动	
准备部分 10 分钟	一、课堂常规 1.体委整队，向教师报告人数。 2.师生问好，超星学习通签到。 3.教师宣布上课内容并提出上课要求。 4.整理服装。 5.安排见习生。	3 分钟	1	低	教法： 1.教师站在与队的排头排尾成等腰三角形处。 2.宣布课的内容和要求。 3.检查学生着装。 4.合理安排见习生进行活动。	队形： ♀♀♀♀♀ ♀♀♀♀♀ ♀♀♀♀♀ ♀♀♀♀ ♦ 要求：（1）集合整队快静齐，听从教师安排。（2）一切行动听指挥。	一、认真贯彻落实党的十九大精神，落实立德树人的根本任务是进一步发挥课堂教学主渠道作用，引导学生树立健康第一的理念，引入疫情下增强体质，锤炼意识重要意义，使学生迅速进入学习状态，注意力高度集中，培养学生快速的思辨能力。

续表

课时部分	教学内容	运动量			组织教法与学练法		课程思政教学思路
		时间	次数	强度	教师活动	学生活动	
	二、热身项目 1.热身运动（拉伸韧带、活动关节） （1）头部运动 （2）肩部运动 （3）臂部运动 （4）腰部运动 （5）体侧运动 （6）体转运动 （7）压腿（弓步压腿、仆步压腿） （8）活动膝、踝、腕关节 2.双人配合热身项目 （1）压肩练习 （2）反背练习 3.分组热身项目 （1）下腰练习（分组展示）	7分钟	1	低	教法： 1.教师讲解名称及要求并且做示范动作。 2.跟随音乐，教师带领学生进行热身运动。 要求： 1.教师声音清晰 2.示范动作标准	学练法： 1.组织形式：面向教师，四列横队，成体操队形散开。 ○○○○ ○○○○ ○○○○ ○○○○ ⊗ 2.动作技术要求：动作幅度由小到大，注意充分活动身体各关节，避免受伤。	二、教师用标准的热身动作带领大家充分热身，对动作到位的学生提出表扬，调动其他学生的积极性，在学生群体中树立榜样的作用，使学生不断完善自我，充满自信。 三、两人一组合作完成热身，让学生能明白合作共赢的意识。
课程导入 5分钟	一、比赛视频欣赏播放健美操国家队比赛视频以及我院健美操队参加省赛、国赛视频片段，引出大众健美操运动的锻炼意义和核心价值，使学生振奋精神，对大众健美操这项运动充满感性的归属感，对运动及生活充满热诚与激情。	5分钟	1	低	教法： 1.教师与学生一起观看视频片段。 2.教师介绍播放视频的背景。	学法： 1.学生跟随教师一同观看视频片段。 2.观看视频时保持安静，认真欣赏视频。	一、通过播放健美操国家队比赛视频，让学生们感受体育精神，培养团结协作、坚持不懈的意志品质。 二、爱国从爱集体、爱学校做起，我院学生不断发挥自身特长，多次在省级国家级比赛中获奖，为校争光，集体荣誉感深入人心，用实际的爱校行动表达爱国之心。

228

基本部分 **75分钟**	一、身体姿态练习 1. 坐姿练习： 动作要领： （1）精神饱满，表情自然，目光平视前方。 （2）身体端正舒展，重心垂直向下或稍向前倾，腰背挺直，臀部占座椅面的2/3。 （3）双膝并拢或微微分开，双脚并齐。 （4）两手可自然放于腿上或椅子的扶手上。 另外，除基本坐姿以外，由于双腿位置的改变，也可形成多种优美的坐姿，如双腿平行斜放，两脚前后相掖，或两脚呈小八字形等，都能给人舒适优雅的感觉。 2. 站姿练习：（借助把杆进行练习） 动作要领： 正面扶把站立，两大小腿肌肉内侧髋部肌肉收紧，两腿并拢，膝盖伸直同时用力后顶，挺胸、收腹、立腰，颈部挺直，下颌微抬。 3. 走姿练习： 动作要领： （1）左腿屈膝，向上抬起，提腿向正前方迈出，脚跟先落地，经脚心、前脚掌至全脚落地，同时右脚后跟向上	10分钟	多次	低	教法： 1. 教师介绍学习内容。 2. 教师示范完整动作。 3. 教师边讲解动作要领边示范动作。 4. 教师领做，分步重复练习。 5. 组织学生集体练习、分组练习，观察学生掌握情况，语言提示，并巡回指导。 6. 教师纠正错误动作。 7. 教师领做练习。	队形： ♀ ♂ 学练法； 1. 学生观看正确完整动作示范。 2. 教师讲解动作要领时，注意认真观察、听讲。 3. 学生跟随教师进行重复练习动作，体会动作技术要领。 4. 集体练习，相互模仿。 5. 分组练习，相互学习。 6. 互相纠正、自我纠正错误动作。 7. 跟随教师集体练习。	一、通过基本姿势练习，可以纠正学生长期以来所养成的一些不良姿态，有助于精神风貌的改善，培养良好的形象，优雅的气质。 二、通过比赛视频中运动员所展示的形象，让大家切身体会个人礼仪不止是个人行为表现，而且是个人的公共道德修养在社会活动中的体现，它代表的不仅是个体而且是整个学校、集体和国家的荣誉。以此来帮助学生明辨是非。让学生学会设计美的形象，欣赏美，创造美的能力，为实现全面发展打下良好基础，只有这样社会才能更文明、更有序地发展；从而从形体美延伸至心灵美、礼仪之美。

慢慢垫起，身体重心移向左腿。 （2）换右腿屈膝，经过与左腿膝盖内侧摩擦向上抬起，勾脚迈出向左腿。脚跟先着地，落在左脚前方，两脚间相隔一脚距离。 （3）迈左腿时，右臂在前；迈右腿时，左臂在前。 （4）将以上动作连贯运用，反复练习。				教学要求： 1.听从指挥。 2.认真听讲，熟记动作要领。 3.互相观察，促进提高。	
二、自选动作《赞赞新时代》8个8拍 1.第1个8拍： 1-4下肢：右脚开始的V字步。上肢：1右臂侧上举，2左臂侧上举。并掌，掌心朝外。3-4双手胸前拍掌两次。 5-8下肢：右脚开始的A字步。上肢：1右臂侧下举。2左臂侧下举。并掌，掌心朝外。3-4双手拍掌两次。 2.第2个8拍： 1-4下肢：右脚开始的迈步后点地。上肢：1两臂体侧冲拳；2左臂体前下冲拳，右臂体后下冲拳；3-4动作相同，方向相反。 5-8下肢：并腿跳。上肢：右左臂依次连续上冲拳。	20分钟	多次	高	教法： 1.教师跟随音乐示范完整动作。 2.教师口令示范完整动作。 3.教师边讲解动作要领，并示范分解动作。 4.教师领做，分步重复练习。 5.组织学生集体练习，了解学生整体掌握情况。 6.教师组织学生按小组进行练习，分组巡视纠错指导。 7.教师适时领做，语言提示，并巡回指导。 8.教师纠正错误动作。 9.教师在音乐伴奏下领做练习。	学练法： 1.学生认真观看教师示范完整动作。 2.教师讲解动作要领时，注意认真观察、听讲。 3.学生跟随教师进行重复练习动作，体会动作技术要领。 4.集体练习，相互观察、模仿。 5.分组练习，相互学习。	一、通过自选动作要领的学习掌握，培养学生能够全身心投入的敬业精神，希望以后在本职岗位上树立主人翁责任感、事业心、追求崇高的职业理想；培养认真踏实、恪尽职守、精益求精的工作态度；力求干一行爱一行专一行，努力成为本行业的行家里。 二、通过自选动作《赞赞新时代》的重复练习，培养学生积极向上的劳动态度和吃苦耐劳、持之以恒、精益求精、积极进取的品质；保持

3. 第 3 个 8 拍： 1–4 下肢：右脚开始向侧迈步跳2次。上肢：胸前屈臂向外转圈。 5–8 下肢：右脚开始依次向侧脚跟点地。上肢：5–6 右臂侧举，左臂上举。7–8 左臂侧举，右臂上举。开掌，掌心朝前。 4. 第 4 个 8 拍： 1–4 下肢：右脚开始向侧迈步跳2次。上肢：胸前屈臂向外转圈。 5–8 下肢：右脚向侧迈一步。上肢：5–6 伸直体前交叉向上后摆于体侧，并掌，掌心向下。7 两臂胸前屈肘，两小臂上下相对，低头。8 手臂不动，抬头。 第 5 个 8 拍： 1–4 下肢：右脚开始向侧迈步跳2次。上肢：1–2 左臂从右经体前摆于左侧，右臂握拳叉腰。3–4 右臂从左经体前摆于右侧，左臂握拳叉腰。 5–8 下肢：右脚开始做后交叉步。上肢：体侧上举握拳右左依次摆动。 6. 第 6 个 8 拍： 1–4 同 第 5 个 8 拍的 1–4，方向相反。 5–8 下肢：并腿纵跳。上肢：体侧经直弯曲，并掌，掌心向上。			6. 相互纠正，自我纠正错误动作。 7. 在音乐的伴奏下，跟随教师集体练习，熟记动作。 教学要求： 1. 听从指挥 2. 认真听讲，熟记动作要领 3. 互相观察，促进提高	高昂的工作热情和务实苦干精神，树立正确的人生观和价值观。 三、通过分组的合作练习和相互纠错，培养学生乐于助人的良好品质。 四、通过学习自选动作《赞赞新时代》，使学生们从音乐和歌词中体会在中国特色社会主义新时代，"赞"这个词可以表达出大家心中最真实的感受，而且一个"赞"还不够，要连连称"赞"，"赞"既是一个动作，也是一种感受，"情动于中而形于言"。希望每个人都能在歌中找到自己，感受到国家日新月异的变化，拥抱美好未来，为祖国祝福。希望同学们用自己朝气蓬勃的青春，和奋进拼搏的态度演绎出"新时代，新力量"。

续表

7.第7个8拍: 1–4下肢:右脚开始做小马跳。上肢:12右臂体侧握拳向外绕环。34左臂握拳向外绕环。 5–8下肢:右脚开始,两腿依次做后屈腿跑动作。上肢:两臂伸直头顶击掌。 8.第8个8拍: 1–4下肢:右脚开始,弹踢腿跳。上肢:两臂之间90度依次向上、向侧冲拳。 5–8下肢:后屈腿跑。上肢:两臂经体侧交叉摆于体侧,并掌。						
三、分组练习	20分钟	1	中	教法:教师组织学生按小组进行练习,分组巡视纠错指导。	学练法:学生分组练习,相互学习、相互纠错。	在练习动作的过程中,主动克服困难,坚持规范动作,在以后的人生发展中也要高标准、严要求,约束自身行为。
四、小组比赛(展示)	10分钟	1	中	教法:教师组织比赛	学练法:学生按小组进行比赛展示	小组比赛体现了团队精神,健美操动作的一致性、队员的配合默契在健美操团队完成中非常重要,这需要队员的共同努力配合,树立不怕苦、不怕累的思想,体现了极强的团队协作精神。如果没有团队意识,集体项目不可能在比赛中取得好成绩。

五、身体素质训练 1. 收腹举腿，20个，二组，每组休息30秒。 2. 俯卧背腿，20个，二组，每组休息30秒。 3. 蹲伸起，20个，二组，每组休息30秒。 4. 平板支撑，1分钟，二组，每组休息1分钟。	15分钟	1	中	教法：教师先示范动作，后讲解练习动作的要求和要领。	学练法：学生听从教师指挥和安排，分组进行素质练习。	
结束部分 10分钟	一、放松练习 （一）两人一组互相抖动手臂、按摩肩膀。 （二）自己拍打腰、腿、手臂进行放松。 二、整队集合 三、教学点评、总结 四、收回器材 五、师生再见、宣布下课	10分钟	1	低	教法： 1. 学生和教师一起放松。 2. 口令提示放松。 3. 课后总结（自评、互评、总评）。 4. 下课，师生再见。 要求： 1. 口令准确。 2. 声音洪亮。 3. 语言简洁、清晰。	学练法： ○ ○ ○ ○ ○ ○ ○ ○ ⊗ 1. 认真跟随教师放松。 2. 注意教师口令提示。 要求： 1. 集合整队快静齐，听从教师安排 2. 一切行动听指挥。	尊重同学、尊重教师是一种美好的品德。课程结束时每排同学手拉手向对面同学和老师鞠躬，互道辛苦，是一种对他人付出的认可，体现最传统的尊师重道的礼仪。

课堂延伸	利用"超星学习通"App平台，课前、课后随时进行在线答疑和讨论，并完成新的课程资源的推送，能及时掌握学生的学习效果并做出评价，为形成期末考核积累第一手资料。
教学反思	教学内容的多样性有利于提高学生参与的积极主动性，学生掌握健美操专项基本技术和健美操基本动作的水平和程度决定了完成水平，同时，应加强学生健美操专项身体素质的练习，在教学中，增加学生相互合作学习、相互纠错和小组比赛的环节。 根据教学内容和"课程思政"的理念在课程中做到了： 1. 讲解和示范相结合。2. 理论与实践相结合。3. 知识传授与价值的培养相结合。 4. 体现"以教师为主导、以学生为中心"和"自主、合作、探究"教学理念。

表 8-3 大众健美操规定动作二级第一组合教学案例

课程归属	体育与艺术教学部	主讲教师	赵艳
课程名称	《大众健美操》	授课班级	健美操选项班
授课时间	周一 5、6 节	授课地点	文体活动中心体操房
周次	第 8 周	授课时数	2

章节名称		大众健美操规定动作二级第一组合
教学目标	知识目标	能够说出大众健美操规定动作二级第一组合基本步伐的动作名称。
	能力目标	能在音乐的伴奏下流畅规范地展示大众健美操规定动作二级第一组合技术动作，有较好的表现力。
	德育目标	1.通过分组学习、展示，学生敢于尝试，敢于挑战，提高自信心。 2.培养学生身体的姿态美，加强形体美的审美观教育。 3.培养学生持之以恒、精益求精的意志品质。 4.培养学生互学互助、团结协作的集体主义精神。 5.培养学生永不服输、顽强拼搏的体育精神。
教学重点与难点	重点	规定动作二级第一组合技术动作、动作的节奏感
	难点	做动作时身体的弹性、动作的规范性、上下肢的协调性
教学方法、设备、工具、材料	方法	讲解法、示范法、分组教学法、纠错法
	设备、工具、材料	音响、教学设计方案、课程标准、教案

				教学过程			

课程部分	教学内容	运动量			组织教法和学练法		教育意义
		时间	次数	强度	教师活动	学生活动	
准备部分（15）	一、课堂常规 1.体委整队，向教师报告人数。 2.师生问好，超星学习通签到。 3.教师宣布上课内容并提出上课要求。 4.整理服装。 5.安排见习生。	5	1	无	队形： ♀♀♀♀♀♀♀ ♀♀♀♀♀♀♀ ♀♀♀♀♀♀♀ ♀♀♀♀♀♀♀ ↑ 要求：快、静、齐	练习队形： ×××××××× ×××××××× ×××××××× О 要求： 动作幅度由小到大，注意充分活动身体各关节，避免受伤。	一、引导和吸引学生主动参与到体育活动中来，为了使人体尽快地由相对安静状态逐渐过渡到紧张的运动状态，为基本部分做好生理

234

续表

课程部分	教学内容	运动量			组织教法和学练法		教育意义
		时间	次数	强度	教师活动	学生活动	
					教法： 1. 教师站在与队的排头排尾成等腰三角形处。 2. 宣布课的内容和要求。 3. 检查学生着装。 4. 合理安排见习生进行活动。	学练法： 1. 组织形式：面向教师，四列横队，密集队形。 ○○○○ ○○○○ ○○○○ ○○○○ ⊗ 要求：（1）集合整队快静齐，听从教师安排。（2）一切行动听指挥。 2. 四列横队成体操队形散开。	上和心理上的准备。具有全面发展身体素质的价值，培养学生正确姿态，增强体质，发展较大肌肉群具有重要意义。 二、教师用标准的热身动作带领大家充分热身，对动作到位的学生提出表扬，调动其他学生的积极性，在学生群体中树立榜样的作用，使学生不断完善自我，充满自信。 三、两人一组合作完成热身，让学生能明白合作共赢的意识。
	二、热身项目 1. 操场跑步三圈 2. 热身运动（拉伸韧带、活动关节） （1）头部运动 （2）肩部运动 （3）臂部运动 （4）腰部运动 （5）体侧运动 （6）体转运动 （7）压腿（弓步压腿、仆步压腿） （8）活动膝、踝、腕关节 3. 配合热身项目（两人一组） （1）压肩练习 （2）反背练习	10	4×8	低至高	教法： 1. 教师讲解名称及要求并且做示范动作。 2. 带领学生进行热身运动。 要求： 1. 教师声音清晰。 2. 示范动作正确。		

| 基本部分（65） | 一、复习健美操基本步伐
高冲击步伐
（1）迈步跳起类（3个）
并步跳、迈步吸腿跳、迈步后屈腿跳
（2）双脚起跳类（5个）
并腿纵跳、分腿半蹲跳、开合跳、并腿滑雪跳、弓步跳
（3）后踢腿跑类（2个）
后屈腿跑、小马跳 | 10 | 4×8 | 低至高 | 练习队形：
×××××××
×××××××
×××××××
o
教法：
1.教师带领学生共同复习回忆基本步伐动作名称及动作。
2.教师示范基本步伐。
3.教师口令提示学生完成基本步伐。
4.教师带领学生跟随音乐练习。
组织：
×××××
×××××
×××××↓
o | 组织形式：
〇〇〇〇
〇〇〇〇
〇〇〇〇
〇〇〇〇
学法：
1.学生跟随教师一同口述说出动作名称。
2.学生自己做动作。
3.学生在音乐的伴奏下完成动作。 | 能促进学生心、肺功能等方面的机能的发展，改善大脑的血液循环和氧的供应。培养勇敢顽强、吃苦耐劳、团结友爱等品质，培养集体主义精神，使人保持健康向上的心理状态。 |
| | 二、学习规定动作
二级第一组合
1*8拍
1-4拍下肢步伐：右脚开始的十字部；上肢动作：1右臂侧平举，握拳；2左臂侧平举，握拳；3双臂上举，拳变开掌；4双臂还原至体侧，开掌成并掌。
5-8拍下肢步伐：向后走4步；第8拍还原正立站好动作。上肢动作：屈臂握拳自然摆臂。第8拍还原体侧。 | 20 | 多次 | 中 | 教法：
1.教师示范完整动作。
2.分解动作，同时讲解动作要领。
3.教师领做，分步练习。
4.组织学生集体练习、分组练习，观察学生掌握情况。适时领做，语言提示，并巡回指导。 | 学法：
1.观看正确动作示范。
2.教师讲解示范时，注意听讲。
3.反复练习动作，体会动作要领。
4.分组学习。
5.互相纠正、自我纠正错误动作。
6.在音乐伴奏下集体练习。 | 一、通过规定动作要领的学习掌握，培养学生能够全身心投入的敬业精神，希望以后在本职岗位上树立主人翁责任感、事业心、追求崇高的职业理想；培养认真踏实、恪尽职守、精益求精的工作态度；力求干一行爱一行专一行，努力成为本行业的行家里手。 |

续表

			5.纠正错误动作。 6.在音乐伴奏下领做。	教学要求: 1.听从指挥 2.认真听讲,熟记动作要领 3.互相观察,促进提高 动作技术要求:动作幅度由小到大,注意充分活动身体各关节,避免受伤	二、通过规定动作二级的重复练习,培养学生积极向上的劳动态度和吃苦耐劳、持之以恒、精益求精、积极进取的品质;保持高昂的工作热情和务实苦干精神,树立正确的人生观和价值观。 三、通过分组的合作练习和相互纠错,培养学生乐于助人的良好品质。 四、在练习动作的过程中,主动克服困难,坚持规范动作,在以后的人生发展中也要高标准、严要求,约束自身行为。 五、小组比赛体现了团队精神,健美操动作的一致性、队员的配合默契在健美操团队完成中非常重要,这需要队员的共同努力配合,树立不怕苦、不怕累的思想,体现了极强的团队协作精神。

2*8拍

1–4拍下肢步伐:右脚开始的十字部。下肢动作:1右臂侧平举,握拳;2左臂侧平举,握拳;3双臂上举,拳变开掌;4双臂还原至体侧,开掌成并掌。(与第1个8拍前4拍动作相同)。

5–8拍下肢步伐:向前走4步;第8拍还原立正站好动作。

上肢动作:屈臂握拳自然摆臂。第8拍还原体侧。

3*8拍

1–4拍下肢步伐:右脚开始4拍漫步。

上肢动作:1右手前平举,开掌,左手握拳叉腰;2–3双手握拳叉腰;4左手前平举,开掌,右手握拳叉腰。

5-8拍下肢动作： 5-7右脚开始向后退3步，8左脚原地踏步。 上肢动作：5-6双手握拳胸前交叉；7-8双臂侧下举，开掌。 4*8拍 1-2拍下肢步伐：右脚向右并步跳；上肢动作：屈左臂，右臂体前平举，双手握拳。 3-8拍下肢步伐：左脚向右前方做前、侧、后6拍前、侧、后漫步。上肢动作：3-4体前平举弹动两次，握拳；5-6侧平举，握拳；7-8后斜下举，握拳。 5-8个8拍同1-4个8拍动作相同，方向相反。					如果没有团队意识，集体项目不可能在比赛中取得好成绩。

续表

	三、分组练习及展示、考核	20	多次	中	教法：教师组织学生按小组进行练习，分组巡视纠错指导	学练法：学生分组练习，相互学习、纠错。	
	四、力量素质练习 （1）收腹举腿，20个，三组，每组休息30秒。 （2）俯卧背腿，20个，三组，每组休息30秒。 （3）蹲伸起，20个，三组，每组休息30秒。 （4）平板支撑，1分钟，三组，每组休息1分钟。	15	1	高			
结束部分（10）	一、放松练习 （一）两人一组互相抖动手臂、按摩肩膀。 （二）自己拍打腰、腿、手臂进行放松。 二、整队集合 三、教学点评、总结 四、收回器材 五、师生再见、宣布下课	10	1	低	教法： 1.学生和教师一起放松。 2.口令提示放松。 要求： 1.口令准确。 2.声音洪亮。 教法： 1.课后总结课的自评、互评、总评。 2.下课，师生再见 要求：语言简单、清晰	组织形式： ○○○○ ○○○○ ○○○○ ○○○○ ⊗ 学法： 1.认真跟随教师做放松。 2.注意教师口令提示。 要求： 1.集合整队快静齐，听从教师安排。 2.一切行动听指挥。	尊重同学、尊重教师是一种美好的品德。课程结束时每排同学手拉手向对面同学和老师鞠躬，互道辛苦，是一种对他人付出的认可，体现最传统的尊师重道的礼仪。
课后反思	学生前期学习掌握健美操专项基本技术和健美操基本动作的水平和程度决定了完成健美操完整成套动作大众健美操二级第一组合的能力，同时，应加强学生健美操专项身体素质的练习，在教学中，增加学生相互学习和趣味性比赛的环节。						

参考文献

[1] 刘世奇. 健美操教学与提升艺术 [M]. 长春：吉林美术出版社，2020.

[2] 赵静晓，陶永纯，杨红果. 基于有效教学理论的高校健美操内容设计与实务研究 [M]. 北京：中国商务出版社，2017.

[3] 徐吉，邱玉华，闫锦源. 高校健美操教学可持续发展研究 [M]. 北京：经济日报出版社，2018.

[4] 赵萍. 健美操课程教学分析与实践创新 [M]. 长春：吉林大学出版社，2019.

[5] 卢竞荣. 体育课堂教学技能训练 [M]. 北京：人民体育出版社，2016.

[6] 陆作生. 体育教学技能训练 [M]. 北京：高等教育出版社，2016.

[7] 袁振国. 当代教育学 [M]. 北京：教育科学出版社，1999.

[8] 赵钦瑞. 关于课堂教学效率的理论探讨 [D]. 曲阜：曲阜师范大学，2004.

[9] 周登嵩. 学校体育学 [M]. 北京：高等教育出版社，2004.

[10] 王京琼. 健美操教学与训练 [M]. 长沙：中南大学出版社，2008.

[11] 南海艳，丁丹. 现代教育观、健康观、体育观 [M]. 沈阳：东北大学出版社，2009.

[12] 陈金芳. 素质教育基本理论研究 [M]. 北京：中国科学技术出版社，2011.

[13] 童语舒. 浅析高中音乐鉴赏教学中人文教育的渗透 [D]. 重庆：西南大学，2020.

[14]尹国华.高职院校人文教育的现状分析及对策研究[D].重庆:西南师范大学,2004.

[15]侯丽君.大学人文教育现状与对策研究[D].重庆:西南师范大学,2004.

[16]杨曼英.创新教育导论[M].长沙:湖南师范大学出版社,2009.

[17]刘静.影响体育教育专业课程改革的课程理念研究[D].济南:山东师范大学,2004.

[18]杨雪红,郑磊石."互联网+教育"背景下健美操在线教学课程设计[J].体育科学研究,2020,24(3):89-92.

[19]柴娇.我国中小学体育课堂教学设计研究[M].北京:北京体育大学出版社,2010.

[20]龚正伟.体育教学新论[M].长沙:湖南师范大学出版社,2012.

[21]张振华.体育教学理论与方法[M].北京:北京师范大学出版社,2016.

[22]关北光,毛加宁.体育教学设计[M].成都:西南交通大学出版社,2016.

[23]陈晓端,张立昌.有效教学[M].北京:高等教育出版社,2015.

[24]胡亦海.竞技运动训练理论与方法[M].北京:人民体育出版社,2014.

[25]胡少娟.云南省普通高校健美操课程设置的研究[J].运动,2013(18):73-74.

[26]杨文轩,张细谦,邓星华.学校体育学[M].北京:高等教育出版社,2016.

[27]徐裴,韩颖,徐立宏.高校时尚健美操运动教学理论与实践[M].北京:光明日报出版社,2015.

[28]张建龙,王炜.体育教学方法优化组合的依据、原则与程序[J].新西部(下半月),2009(5):241,238.

[29]刘昕.健美操教学方法的选择与运用研究[J].当代体育科技,2020,10(12):165-166.

[30]杨洋.精准教学视域下高校健美操教学方法的创新研究[J].才智,2019(25):161.

[31] 陈启琴.微课技术在高校健美操专项教学中的应用研究 [D].西安：陕西师范大学,2017.

[32] 田舒雅."三段式"任务驱动教学法在普通高校健美操公选课教学中的应用研究 [D].昆明：云南师范大学,2019.

[33] 李启迪,邵德伟.体育教学基本理论研究 [M].北京：北京师范大学出版社,2014.

[34] 程锡森.竞技健美操运动员表现力研究 [D].上海：华中师范大学,2006.

[35] 刘雪菲.艺术表现力在竞技健美操运动中价值及其培养途径的研究 [D].长春：吉林体育学院,2013.

[36] 刘焕.竞技健美操运动员艺术表现力的研究 [D].郑州：郑州大学,2015.

[37] 鹿丹.竞技健美操运动员表现力的构成因素及训练方法的研究 [D].西安：西安体育学院,2011.

[38] 齐作成,王赞.浅谈影响竞技健美操运动员表现力的因素及其培养 [J].休闲,2020（1）：152–153.

[39] 匡梨飞,龚卉.竞技健美操操化训练方法探讨 [J].教育教学论坛,2012（8）：243–244.

[40] 马鸿韬.竞技健美操 [M].北京：高等教育出版社,2005.